Liz Connelly

Die Matrix des Erfolgs

Liz Connelly

Die Matrix des Erfolgs

Mit Quantenenergie Reichtum und Fülle erleben

Eine Spiel-Anleitung

SavitaBooks

Liz Connelly

Die Matrix des Erfolgs
Mit Quantenenergie Reichtum und Fülle erleben. Eine Spiel-Anleitung
ISBN: 978-3-942887-01-4
Umschlagabbildung – 3DMaster/www.istockphoto.com; Graphik im Innenteil – blindspot/www.istockphoto.com

Besuchen Sie uns im Internet
www.savitabooks.de

Bibliografische Informationen der Deutschen Nationalbibliothek

Die Deutsche Nationalbibliothek verzeichnet diese Publikation in der Deutschen National-bibliografie; detaillierte bibliografische Angaben sind im Internet über http://dnb.ddb.de abrufbar.

Inhalt

Willkommen in der Matrix

Als ich mir meines Ursprungs bewusst wurde, veränderte sich meine Wahrnehmung. Auf der Ebene der feinsten Schwingung, der Quantenmatrix, pulsierte ein Feld von Möglichkeiten, von dem ich nicht einmal geahnt hatte.

Plötzlich träumte ich viel und intensiv. Ich erinnerte mich morgens lebhaft an meine Träume. Die Welt wurde bunter, aber gleichzeitig auch klarer. Mein Geist öffnete sich.

Ich sah, wie sich mein Leben wandelte, Woche zu Woche eine beinahe ganz neue Welt. In welches wunderschöne Abenteuer war ich nur geraten?

Vermutlich hat Sie irgendein Umstand Ihres Lebens, ein Gefühl oder eine gesunde Portion Neugier dazu gebracht, sich dieses Buch zu besorgen. Vielleicht sind Sie derzeit ohne Arbeit oder Sie haben zu viel Arbeit, aber wenig Freude daran. Oder Sie fragen sich, wann Sie endlich beginnen, das zu tun, was Ihnen wirklich Spaß macht. Manche Menschen glauben auch, mit Dingen, die sie glücklich machen, könne man kein Geld verdienen. Und so werden sie vielleicht immer unglücklicher oder gestresster, und der Spaß wird in die freie Zeit verbannt, die so knapp zu sein scheint. Auch vor dem Druck unserer Mitmenschen fürchten wir uns vielleicht unbewusst: Denn wer nicht unter seiner Arbeit ächzt und stöhnt, könnte als jemand angesehen werden, der nicht genug zu tun hat oder faul ist. Von der sozialen Ausgrenzung Arbeitsloser ganz zu schweigen.

Doch wären wir nicht alle produktiver, wenn die Arbeit spielerisch von der Hand ginge, wenn wir mit Freude am Werk wären? Könnten wir nicht bessere Entscheidungen treffen und andere Menschen leichter für unsere Projekte gewinnen, wenn wir selbst vor Glück strahlen, wenn wir so richtig motiviert sind? Was würde oder könnte dies für Ihr Geschäft, was für Ihre Karriere, also Ihren Erfolg bedeuten, wenn Sie plötzlich Spaß an Ihrem Tun hätten und wenn Sie wüssten, warum Sie es tun?

Dieses Buch soll Ihnen helfen, mehr Fülle und größeren Erfolg in Ihrem Leben zu verwirklichen. Dennoch kann ich Ihnen keine Garantie geben, dass es genau so klappt, wie Sie es sich wünschen. Denn es kann zum einen sein, dass Sie auf der Reise durch dieses Buch feststellen, dass hinter Ihren Wünschen ganz andere Wünsche stecken und dass Ihre Motivation nicht von Ihren Werten getragen wird. Dahingehend wird sich vermutlich eine Wandlung bei Ihnen vollziehen, eine Neuausrichtung. Zum anderen kann es natürlich sein, dass das, was bei mir und anderen gute Ergebnisse brachte, bei manchen Menschen nicht funktioniert. So etwas gibt es bei jeder Methode, und ich denke, dass ich in meinem Leben auch Glück hatte. Doch wenn man diesem Glück vielleicht ein wenig auf die Sprünge helfen kann, warum es nicht wenigstens versuchen? Sie haben, wenn Sie die Übungen in diesem Buch mitmachen, nichts zu verlieren (außer vielleicht Ihrer Ernsthaftigkeit, die Sie gegen spielerische Leichtigkeit eintauschen werden). Auch geht es Ihnen vielleicht immer mehr darum, sich innerlich reich und unabhängig zu fühlen, als materielle Besitztümer anzuhäufen. Denn oft erzeugt Letzteres weniger das Gefühl der Fülle als die Angst, sie wieder zu verlieren. Wie also können wir inneren und äußeren Reichtum und Erfolg erlangen?

In diesem Buch werde ich berichten, wie sich im Zusammenspiel von günstigen Zeitpunkten, Bewusstseinstechniken und klärender Transformation mein berufliches Leben und meine Beziehung zur Fülle verändert hat. Und ich werde das, was für mich und andere in verschiedensten Situationen funktioniert hat, für Sie als Übungen bereitstellen – immer in der Hoffnung, dass es auch Ihnen helfen wird. Doch bitte probieren Sie immer selbst aus, erspüren Sie, mit welcher Technik Sie sich am wohlsten fühlen und welche für die gewünschten Veränderungen am effektivsten ist. Ich möchte Ihnen nichts überstülpen, denn ich kann nicht wissen, was für Sie jetzt am wichtigsten ist. Das wissen nur Sie – und das Leben selbst, das Sie führt und leitet, ob es Ihnen bewusst ist oder nicht. Es ist so viel klüger als wir und bereitet uns die Situationen, die wir benötigen, um immer freier, erfüllter und glücklicher zu sein. Wenn ich nicht arbeitslos gewesen wäre, hätte sich mir niemals all das aufgetan, was ich diesem Umstand zu verdanken habe: neue Tiefen des Seins zu erleben, Mitgefühl und Verständnis für Menschen am Rande der (Arbeits-)Gesellschaft zu entwickeln und den neuen Horizont der Bewusstseinstechnologien wahrzunehmen, die unser Leben immer mehr zu bereichern beginnen.

Zu Beginn eines jeden Kapitels finden Sie kursiven Text, der Erfahrungen beschreibt, die ich und andere Menschen mit der Matrix (so wird das Quantenfeld genannt) und der Quantenenergie, aus der es besteht, gemacht haben. Auf diese Weise möchte ich zeigen, dass sich die hier im Buch vorgestellten Methoden ganz leicht im Alltag anwenden lassen. Wenn ich es kann, wenn andere es können, dann können Sie es auch!

Am Schluss eines jeden Kapitels finden Sie eine oder mehrere Übungen, die Sie ausprobieren können. Viele dieser Übungen haben mit Quantenenergie zu tun, weshalb ich im ersten Teil des Buches die Grundlagen erörtern werde. Sie werden die Quanten-Matrix kennenlernen, das Herzfeld, die berühmten zwei Punkte und das Prinzip des Spielens.

Im zweiten Teil des Buches wenden wir dann all das auf die verschiedensten Bereiche an, die mit Erfolg und Fülle in unserem Leben zu tun haben. Zudem sollen einige Themen geklärt werden wie Motivation, Mangelgefühle und Geld als Energie. Auch konkrete Situationen wie Vorstellungsgespräche werden nicht vergessen.

Im dritten Teil wird alles noch weiter vertieft. Hier werden Konzepte und Methoden vorgestellt, die noch tiefgreifendere Veränderungen bewirken sollen. Es wird um das gemeinsame

Netzwerken gehen, um Übergänge von einem Lebensabschnitt zum nächsten sowie um ein 21-Tage-Programm zur Intensivierung von Effekten auf Erfolg und Fülle.

Am Schluss des Buches finden Sie eine kommentierte Literaturliste, Internet-Links und ein Adressverzeichnis mit Anwendern und Seminaranbietern für Matrix- und Quantenenergie-Techniken. Dort können Sie, wenn Sie möchten, jemanden in Ihrer Nähe ausfindig machen, der Sie auch praktisch und „live" mit der Matrix bzw. dem Quantenfeld bekanntmacht. Probieren Sie aus, was für Sie passt, lernen Sie neue Handlungs-, Fühl- und Denkmöglichkeiten kennen – und Menschen, mit denen Sie eines verbindet: der Wunsch, vorwärtszugehen in eine neue Zeit.

Eine erfüllende Tätigkeit zu finden, Ihren jetzigen Beuf zu einer freudvollen Erfahrung zu machen, inneren und äußeren Reichtum zu erleben – dazu soll dieses Buch inspirieren und anregen. Irgendwann werden Sie vielleicht dazu übergehen, weniger Ihre Probleme mithilfe von Matrix-Techniken zu lösen (denn die Probleme werden Ihnen im Laufe der Zeit vermutlich ausgehen!), sondern das „Spielen" zu einer Lebenspraxis zu machen, die Sie immer wieder aufs Neue überrascht, erfreut und beglückt.

Betrachten Sie dieses Buch nicht als Lehrbuch, sondern als Mitmachbuch, ja als Spielanleitung. Wir spielen in der Matrix und verbessern dabei unsere Lebensumstände. Es muss nicht immer stressig sein, es muss nicht immer ein Kampf sein, es kann auch anders gehen. Ein Weg – und ein wahrhaft spaßiger – ist das Eintauchen ins Quantenuniversum, um von dort, sozusagen dem Urgrund des Universums aus, Veränderungen anstoßen zu können, die sich in unserem Leben manifestieren.

Wenn Sie möchten, führen Sie während des Lesens ein Tagebuch. Schreiben Sie auf, was heute besser ist. Was hat sich verändert? Verschwenden Sie keinen Gedanken an das, was (noch) nicht eingetreten ist. Lassen Sie sich Zeit dabei, ja, geben Sie dem Leben Raum, Ihr neues Universum zu entfalten, und schauen

Sie, was der göttliche Funke für Sie bereithält, was Ihnen geschenkt wird, anstatt sich zu sehr auf eine einzige Möglichkeit zu fokussieren, wie die Dinge zu laufen haben.

Die Matrix ist das Feld der unzähligen Möglichkeiten. Wir müssen uns nicht auf ein Ergebnis festlegen. Aber wir können die Veränderung initiieren, nach der wir uns schon so lange sehnen.

Die Reise in eine neue Zeit hat gerade erst begonnen. Und auch Sie stehen vermutlich an einem Wendepunkt, in einer Situation, in der Sie beginnen, Ihre zarten Blütenblätter der Sonne zuzuwenden, um in ihrem Licht noch weiter zu erblühen.

Die Spielregeln der Matrix: eins und eins sind nicht zwei

Willkommen im kosmischen Spielfeld der Gelegenheiten, Möglichkeiten und Potenziale! Willkommen in der Matrix, im Quantenuniversum. Ich freue mich, dass auch Sie mit von der Partie sind.

Damit Sie sich mit der Matrix schnell vertraut machen und innerhalb des Energiefeldes, aus dem alles besteht, gut orientieren können und die von Ihnen gewünschten Effekte erzielen, werde ich im ersten Teil des Buches die Grundlagen erklären. Für die Anfänger sind dies wichtige Kapitel, die sie lesen sollten, bevor sie zum zweiten Teil des Buches übergehen. Für Anwender handelt es sich um eine (vielleicht teils vertiefende) Wiederholung.

Wer wie und womit spielt, davon handelt der erste Teil. Und gleich im nächsten Kapitel wird das Rätsel gelöst, warum im Quantenfeld eins und eins nicht zwei sind.

Ausflug ins Quantenuniversum

Wenn alles ein Bewusstsein ist, was bin dann ich?

Tanzende Moleküle, Schwingung, Muster – aber kein stetiges, festes Ich ist zu finden.

So bin ich offen und frei.

Leider bin ich keine Physikerin, und meine mathematischen Kenntnisse reichen gerade dazu aus, meinen Taschenrechner richtig zu bedienen. Doch mit dem Quantenfeld (der Matrix) geht es mir wie mit dem Taschenrechner: Ich kenne die wichtigsten Grundregeln, um ihn zu bedienen, aber wie er inwendig wirklich funktioniert, weiß ich nicht. Dennoch wende ich ihn an, um zum Beispiel einen Gesamtpreis auszurechnen. So ähnlich mache ich es auch mit den Matrix-Techniken.

Mit der Quantenphysik verhält es sich sogar so, dass selbst Wissenschaftler vor großen Rätseln stehen, die viel Verwirrung stiften.[1] So sind zum Beispiel in der Quantenphysik Gesetze außer Kraft, von denen man angenommen hatte, sie seien allgemeingültig. Schaut man aber immer genauer hin, geht noch tiefer als die Ebene der Atome, so zeigt sich Neues, ja Bahnbrechendes! Dazu gleich mehr.

In diesem Kapitel möchte ich Ihnen einen Einstieg geben in jene physikalischen Prinzipien, die man auf Quantenebene entdeckt hat. Denn diese Quanten-Phänomene dienen immer wieder als Erklärungen für die Wirkungsweisen der Matrix-Techniken, die offensichtlich Auswirkungen auf die „Realität" haben, wie wir sie kennen.

Kleinste Teilchen der Atome, Quanten genannt, haben einige besondere Eigenschaften, die ich Ihnen nun vorstellen werde. Schaut man sich zum Beispiel ein Atom einmal näher an, so gibt es einen Atomkern und Elektrone, die diesen Kern umgeben. Sie sind allerdings nicht fest aneinandergefügt, das heißt, zwischen Kern und den Elektronen gibt es eine Art „Nichts", eine Lücke. Es ist meines Wissens bis heute nicht klar, wie das sein kann. Zudem haben die Elektronen im Umfeld des Kerns keinen festen Platz. Sie halten sich zwar immer in einem bestimmten Abstand zum Kern auf, doch ihr genauer Ort ist nicht festgelegt. Vielmehr befinden sich die Elektronen in einer „Aufenthaltswahrscheinlichkeit".[2] Und dies ist eine revolutionäre Entdeckung: Man kann den Ort des Elektrons nicht mit Sicherheit bestimmen, sondern nur mit Wahrscheinlichkeit voraussagen.

In unserem klassischen Denken gab es nur Entweder-oder: Das bedeutet, wir dachten früher, das Elektron ist entweder an einem bestimmten Platz oder es ist nicht dort. Nun aber müssen wir umdenken, denn es gibt eine Wahrscheinlichkeit, ein Potenzial, dass das Elektron dort ist oder nicht. Ohne dieses Entweder-oder ist die Dualität aufgehoben: Es gibt nicht zwei sich ausschließende Möglichkeiten, sondern ein Feld von Wahrscheinlichkeiten.

Die von diesen physikalischen Phänomenen abgeleiteten Prinzipien lauten: Alles ist Energie. Es gibt nichts Festes, sondern fließende energetische Zustände, in denen es ein ständiges Potenzial zur Veränderung gibt. Alles ist Bewusstsein. (Und das gilt auch für Sie selbst: Sie sind eben nicht eine Person, die ein Problem hat, sondern ein Energiemuster, das Erfahrungen macht und Zustände erlebt.)

Die uns bekannte Realität entsteht dann, wenn Wahrscheinlichkeitswellen kollabieren. Das bedeutet auf die Matrix-Techniken bezogen, dass wir beim Setzen von Impulsen im Quantenfeld dies sozusagen an einem Ort „vor" der manifestierten Wirklichkeit tun. Wir handeln also nicht innerhalb der uns bekannten Realität, sondern innerhalb des noch nicht realisierten Potenzials. Wir „spielen" also nicht mit dem, was „real" ist, sondern mit der Wahrscheinlichkeitswelle dessen, was sich in die „Realität" hinein verwirklicht. Unsere Realität ist also eigentlich ein Hologramm des Quantenfelds beziehungsweise der Matrix. Sie setzt sich aus dem zusammen, was aus dem Quantenfeld vorgegeben wird. Verändert man also etwas in der Matrix, ist es auch in der manifesten „Realität" verändert. Gregg Braden schreibt: „Die göttliche Matrix ist das Netz ... aus dem das Gewebe des Universums besteht."[3]

Auch zeigen die Quanten ein sonderbares Verhalten: Sie verändern sich je nachdem, wie Sie gemessen (also beobachtet) werden. Dies zeigt sich deutlich beim sogenannten Doppelspalt-Experiment. Hier haben die Quanten je nach Versuchsaufbau andere Eigenschaften. Das bedeutet, je nachdem, wie der Versuch durchgeführt wird, sind sie zum Beispiel Teilchen oder Welle.[4] Das abgeleitete Prinzip hieraus lautet: Die Beobachtung verändert das Experiment (also die Realität).[5] Aus diesem Grund werde ich in einem späteren Kapitel auch erklären, dass nicht Gedanken die Realität verändern, sondern das Beobachten. (Denn was der Laborant über es denkt, verändert offensichtlich nichts an den Eigenschaften des Quants – aber die Art, wie er es beobachtet, tut es.)

Ein weiteres Quantenphänomen, das für das Verständnis der Matrix grundlegend ist, besteht darin, dass diese kleinsten Teilchen miteinander verschränkt sein können. Das bedeutet zum einen, dass sie miteinander in Nullzeit in beliebiger Entfernung kommunizieren.[6] Wirkt man auf eines der Teilchen ein, hat dies auch einen Effekt auf das mit ihm verschränkte Teilchen.[7] Und es geht noch weiter: Dies funktioniert auch, wie Experimente zeigen, in Richtung Vergangenheit und Zukunft. Das könnte eine Erklärung dafür sein, warum ein gegenwärtiger Zustand sich wandelt, wenn man Energie in die Vergangenheit sendet. Es ist also so, dass im Quantenfeld weder Raum noch Zeit existieren.

Alles ist Jetzt. Auch ist nichts getrennt voneinander, sondern alles ist eins (also nicht-zwei).

Übung: Energie Sein

Blicken Sie bis zur nächsten Wand. Versuchen Sie, zwischen Ihnen und der Wand die Luft zu „sehen", das, was zwischen Ihnen und der Wand steht, der leere Raum.

Dann fühlen Sie diesen leeren Raum. Versuchen Sie, sich selbst bis hin zu der Wand wahrzunehmen. Sie sind ausgedehnt bis zum nächsten sichtbaren Punkt, Sie füllen den Raum bis zu dieser Grenze aus.

Wie nehmen Sie das wahr? Ist es weit, warm, kalt, prickelt es? Es gibt keine Grenze zwischen Ihnen und dem leeren Raum bis zur Wand. Wenn Sie es wahrnehmen können, ist es ein Teil von Ihnen.

Oder spüren Sie eine Grenze? Haben Sie den Eindruck, Ihre Haut ist die Grenze zwischen Ihrem Körper und der Außenwelt? Wenn Ihre Haut die Grenze ist, weshalb können Sie dann die Luft bis zur Wand erspüren? Wieso können Sie dann bis zur Wand fühlen?

Und es geht noch weiter. Spüren Sie, dass Sie sich auch in die Wand ausdehnen können, dass Sie sogar schon vorher nicht getrennt von der Wand waren. Alles ist Teil von allem, Sie sind Teil von dem Raum zwischen Ihnen und der Wand, Sie sind Teil des Raumes, der Sie sind.

Das klingt paradox? Ja, aber so ist es. Sie sind Bewusstsein, das nur einen (größer werdenden) Ausschnitt von sich selbst wahrnimmt. Und alles, was

Sie wahrnehmen, sind Sie selbst (als Bewusstsein, nicht als Person natürlich).

Schauen Sie auf Ihre Hand. Sehen Sie an der Hand entlang. Stellen Sie sich vor, Sie sehen an der Spitze ihres Zeigefingers das am weitesten außen liegende Molekül Ihrer Haut und direkt daneben das erste Molekül, das nicht zu Ihrer Haut gehört.

Es gibt keine Grenze zwischen den Molekülen, worin sollte eine solche bestehen? Es sind zwei Moleküle nebeneinander. Es gibt keine Grenze zwischen Ihnen und Ihrer Umwelt. Alles ist eins.

Gewahrsein und Herzfeld

Nun, da ich beginne, wortwörtlich mit dem Herzen zu sehen, ist die ganze Welt ein weiter Raum, der ich selbst bin. Alles spielt sich in mir ab, ein grandioses, schreckliches, wunderbares Theater. Eine Leinwand, bemalt mit Gefühlen, Gedanken, Erlebnissen. Ich bin es, und ich bin es nicht.

Zwei Punkte im Raum erleichtern es mir, Mensch zu sein. Die Verbindung – zwischen zwei Punkten, zwischen allem, was zwei ist – ist immer das Herz.

Die Rezeptur für das Handeln in der Matrix ist denkbar einfach: Man nehme zwei Punkte und ein grundlegendes Gefühl (oder Gewahrsein des Raumes). Beginnen wir in diesem Kapitel mit Letzterem. Zuallererst ist dieses Gefühl eher eine Wahrnehmung des gesamten Raumes. Zudem ist es kein bedingtes Gefühl, das heißt, es gibt keinen Auslöser dafür. Also meint das grundlegende Gefühl nicht die Freude (z. B. über eine Gehaltserhöhung), sondern ein Gefühl der Stille, des Friedens, der Freude etc. ohne ersichtlichen Grund. Es ist ein Gefühl, das sowohl in einem selbst als auch um einen herum existiert. Eine Art weiter Raum der Stille, in dem alles vorhanden ist, auch das eigene Innenleben. Ein Gefühl, das angenehm und beruhigend ist und das unter all den anderen, wechselhaften Gefühlen zu liegen scheint. Es ist die Basis, auf der das gesamte Gefühlsleben aufbaut – von Glück bis Trauer – und die doch von all diesen Gefühlen nicht berührt wird. Manchen kommt es auch vor wie ein Raum, eine Weite, in der entweder Leere vorherrscht oder in der sich alles abspielt, was im eigenen Erleben geschieht. Es ist ein Gefühl, das nicht gefunden wird, weil es nicht außerhalb von irgendetwas existiert.

Sondern es ist etwas, das wir wiedererkennen als das, was schon vor unserer Erfahrung grundlegend für unsere Existenz ist.

Eine Möglichkeit, dieses Gefühl zu finden, ist, sich in den Raum des eigenen Herzens zu begeben und dort das Gefühl zu suchen, das jenseits der anderen Gefühle steht und von ihnen unabhängig existiert. Wenn Sie die Absicht haben, es zu fühlen, taucht es meist unmittelbar auf. Es ist meist ein weites, klares Gefühl, das eine sofortige Entspannung einleitet.

Sie fühlen es … jetzt!

Lassen Sie sich noch tiefer hineinfallen. Es ist direkt im Herzfeld, und es ist weiter als Sie selbst, tiefer und weiter.

Es ist unendlich.

Sie sind ganz erfüllt von diesem Gefühl.

Wenn Sie in diesem Gefühl sind, wenn Sie Ihr Herzfeld auf diese Weise wahrnehmen, dann haben Sie die besten Voraussetzungen dafür geschaffen, dass sich in der Matrix, also auf der Quantenebene, etwas verändert.

An dieser Stelle mag die Frage aufkommen: Aber was mache ich, wenn ich das nicht fühle? Funktioniert die Methode dann überhaupt? Und ist das Gefühl, das ich jetzt habe, das richtige?

Hier die gute Nachricht: Man kann nicht viel falschmachen, denn allein die Absicht, dieses Gefühl zu fühlen, genügt. Es ist bereits in Ihrem Herzen vorhanden, es war schon immer da. Für das spätere Setzen der zwei Punkte verwenden Sie dann dieses Gefühl oder einfach das, was Sie im Herzfeld fühlen. Seien Sie sich einfach Ihres Herzens (manche nennen es Herzchakra) bewusst. Normalerweise nimmt man dann augenblicklich auch den Raum um sich herum deutlicher wahr. Es geht darum, eine

Wahrnehmung davon zu bekommen, dass etwas in einem Raum geschieht, in einem Gewahrsein von etwas.

Sobald Sie einige Male mit Ihrem Herzfeld in Kontakt waren und sich des Raumes gewahr wurden, werden auch Sie sicherlich die Erfahrung machen, dass sich aus dieser Wahrnehmung heraus viel mehr verwirklichen lässt als zum Beispiel mit positivem Denken.

Denn wie viele Menschen, die ihr Leben verändern wollen, habe auch ich mich in positivem Denken versucht und mich dann gewundert, dass es nicht oder nur kurzfristig funktionierte und dann wieder das eintrat, was schon vorher mein Leben prägte. Irgendwann kam ich dann darauf, dass das krampfhafte positive Denken das, was ich wirklich im Innersten glaubte, lediglich zu überlagern versuchte – was aber natürlich auf Dauer nicht gelingen konnte. Es schien mir so, als seien nicht die Gedanken der Ort, an dem Glaubenssätze oder besser Muster wirklich entstehen. Und nach einiger Selbsterfahrung wurde immer deutlicher, dass das meiste, woran ich wirklich glaubte, mir gar nicht bewusst war. Ich entdeckte verdrängte Gefühle, Glaubensmuster und natürlich auch Glaubenssätze. Der Schlüssel zu alldem aber konnte nicht in Gedanken erreicht werden, die Gedanken vernebelten oft nur das, was darunter lag (siehe auch Kapitel *Glaubenssätze sind nur Gedanken*). Um in die Tiefe meines Selbst zu gelangen, spürte ich meinen Körper, fühlte ich die Gefühle – und beachtete die Gedanken einfach gar nicht. Irgendwann hatte ich den Eindruck, dass bestimmte Gedanken, die aufstiegen, manches Unterbewusste spiegelten oder aufzeigten, aber dass ich über diesen Spiegel nicht an die Wurzel dessen gelangen konnte, was mich bedrückte und belastete. Aufgrund der Substanzlosigkeit der Gedanken konnte ich mit ihnen nichts oder nur wenig verändern oder erreichen.

Nun stand ich vor der Herausforderung, dennoch kreieren zu wollen, dennoch mein Leben ändern zu wollen. Wie aber konnte ich dies tun, wenn ich entweder im Dunkel meines Unterbewusstseins tappte und meine Gefühle fühlte (was an sich schon eine große Entlastung ist) oder aber in Gedanken einen Kampf ausfocht zwischen Zweifeln und neuen, positiven Gedanken, an die ich nicht wirklich glauben konnte.

Mittlerweile gibt es schon Messergebnisse, die zeigen, dass das Magnetfeld des Herzens circa 1000-mal stärker ist als das des Kopfes, was eine der Erklärungen dafür sein könnte, warum man mit dem Kopf, mit schlichtem Aufsagen von Glaubenssätzen oder geistigem Visualisieren, nicht so effektiv wirken kann wie mit dem Herzen. Auch könnte hierin der Grund zu finden sein, warum tief verborgene Gefühlsmuster, die häufig von Angst gespeist werden, ebenso ihre Entsprechung im Außen kreieren wie die substanzlosen Bilder im Kopf.[8] So kann positives Denken allein zwar auch gute Ergebnisse bringen, doch die Gefühle, vor allem die Ängste, kreieren ihren Teil ebenso. Eine Spaltung entsteht. Doch zu dem, was das Herz-Magnetfeld zu leisten in der Lage ist, ist jedoch weder Kopf noch Unterbewusstsein in der Lage.

Um in Kontakt mit dem Herzfeld zu kommen, können Sie folgende Übung nutzen, aber auch andere Techniken, die Sie bereits kennen oder neu erlernen.

Übung: Herzfeld

Stellen Sie fest, dass Sie Ihre Umgebung wahrnehmen. Schauen Sie sich um. Beobachten Sie, wie Sie mit Ihren Sinnen wahrnehmen; Sie hören, Sie sehen, sie spüren die Temperatur im Raum, vielleicht denken Sie Gedanken etwas über das, was Sie sehen.

Nun lenken Sie die Aufmerksamkeit in Ihr Herz, in Ihr Herzzentrum in der Mitte Ihres Brustkorbs. Atmen Sie tief ein und aus. Versuchen Sie mit der Wahrnehmung in diesem Herzfeld zu bleiben.

Manchmal „rutschen" Sie vielleicht mit der Aufmerksamkeit wieder aus dem Herzfeld heraus, dann kehren Sie sanft und leicht wieder dorthin zurück.

Nehmen Sie, während Sie mit der Aufmerksamkeit in Ihrem Herzfeld sind, wieder den Raum wahr. Was hat sich verändert?

Sie können auch ausprobieren, ob Sie aus dem Herzfeld heraus den Raum wahrnehmen können. Wie fühlt sich das an? Machen Sie eine Art Erfahrung des Raums? Fühlen Sie Weite, Wärme, Energie?

Wenn nicht, ist es nicht schlimm. Bleiben Sie mit Ihrer Aufmerksamkeit im Herzfeld, es geht nicht darum, bei dieser Übung einen bestimmten Zustand zu erreichen, bleiben Sie einfach in Ihrem Herzfeld. Es wird sich Ihnen von allein auftun.

Häufig geht mit dem Bewusstsein des Herzens ein Gefühl von Räumlichkeit einher – als sei man der Raum, der einen umgibt. Das Großartige ist, dass es wirklich so ist. Sie sind der Raum, der Sie umgibt, und auf diese Weise ist der Raum eine Bühne, ein Spiegel, auf dem sich das zeigt, was Sie kreieren. Bei manchen stellt sich auch das Gefühl ein, dass sie selbst von „dahinter" in einen Raum oder auf eine Leinwand schauen, auf der sich alles abspielt. Kein Eindruck ist falsch. Ihr Bewusstsein erweitert sich, genießen Sie es!

Manche Menschen spüren auch Schmerzen oder Druck auf ihrem Herzen. Lassen Sie dies einfach da sein. Da Sie vorher nicht so sehr auf diesen Bereich Ihres Körpers geachtet haben, spürten Sie dies vorher nicht so deutlich. Nehmen Sie die neuen Gefühle als Zeichen dafür, dass Sie zu sich kommen, näher bei sich und Ihren Empfindungen sind. Lassen Sie alles da sein, was da ist, und setzen Sie sich nicht unter Druck. Sie machen das großartig!

Um in der Matrix und mit Quantenenergie etwas zu verändern, können Sie das Herzfeld gut nutzen. Zur Anwendung der *zwei Punkte* mithilfe des Herz-Gewahrseins siehe nächstes Kapitel. Auch können Sie mit diesem Gewahrsein des Herzens in den Kreationsprozess eintreten. Dazu mehr im Kapitel *Es ist schon geschehen.*

Zwei Punkte

An einem Tag war ich stundenlang beim Kunden gewesen, und ein Ende der Arbeit vor Ort war nicht abzusehen. Da ich nicht noch mehr Kaffee trinken wollte, beschloss ich, mich ein paar Minuten in ein leeres Büro zurückzuziehen, um etwas Ruhe zu finden. Dort setzte ich mich auf den Boden und suchte zwei Punkte, während ich mich in den Raum meines Herzens fallen ließ.

Nach wenigen Minuten, die ich die Punkte hielt, fühlte ich mich erfrischt und ich ging guten Mutes wieder an die Arbeit. Und so hielt ich auch die 13. Stunde am Stück durch. Und das auch noch mit recht guter Laune und genügend Elan. So etwas kann man natürlich nicht jeden Tag machen, aber in dieser Situation musste ich durchhalten, und es hat funktioniert.

In diesem Kapitel beschreibe ich die grundlegende Technik der Zwei-Punkt-Methode. Oft wird dieses Verfahren auch Pointen, Pointing, Two-Pointing oder Synchronisieren genannt. Dies werde ich im Foldenden kurz erklären, für die Anfänger zum Ausprobieren, für die Fortgeschrittenen zum Auffrischen.

Zuerst fühlen Sie Ihr Herzzentrum oder das Gefühl des Gewahrseins im Raum, wie im vorigen Kapitel beschrieben. Nehmen Sie einen Finger einer Hand und setzen Sie irgendwo einen Punkt. Sie können ihn zum Beispiel an Ihrem Knie setzen, am Oberschenkel, aber auch an der Tischplatte, in der Luft, an einem Kuscheltier oder sogar mental. Nehmen Sie einen Finger der anderen Hand und setzen Sie einen zweiten Punkt. Fühlen Sie nun sowohl den einen als auch den anderen Punkt, bis sie beide Punkte gleichzeitig wahrnehmen. Einige Menschen fühlen ein Pulsieren an den Fingerspitzen, andere wiederum fühlen eine Verbindung von einem Punkt zum anderen. Wieder andere verbinden die beiden Punkte über ihr Herzfeld. Alles funktioniert. Durch die gleichzeitige Beobachtung zweier Punkte verschränken sich Quanten in der Matrix, auf diese Weise greifen Sie direkt auf das Feld des Potenzials zu und geben einen Impuls hinein.

Etwas geschieht.

Es ist nicht wichtig, was es ist, da nur Gutes und Sinnvolles aus diesem Impuls heraus geschehen kann. Sie müssen nichts festlegen, nichts Bestimmtes denken, wünschen oder eine Absicht haben.

Beobachten Sie einfach, was geschieht.

Lassen Sie den Wunsch nach einem bestimmten Ergebnis los. Sie müssen auch die Verbindung dieser beiden Punkte nicht weiterhin fühlen. Bleiben Sie einfach dabei, diese Punkte zu halten.

Sie können auch experimentieren. Stellen Sie sich vor, dass die beiden Punkte sich überlagern, ein Punkt schiebt sich über den anderen. Und halten Sie dabei Ihre Finger immer noch an der gleichen Stelle. Beobachten Sie, wie sich die Punkte übereinanderschieben (obwohl Sie das mit Ihren Händen nicht tun). Es kann Ihnen so vorkommen, als würde sich der Raum falten.

Doch es genügt auch, wenn Sie ganz einfach die beiden Punkte noch eine Weile halten. Fertig.

Um Ihnen die Entscheidung zu erleichtern, können Sie auch spüren, wohin es Ihren Finger zieht. Manche Menschen fühlen so etwas wie einen „Zug" oder „Sog" und folgen jenem bis zu der Stelle, die sich „richtig" anfühlt. Das Gleiche wird dann auch mit dem zweiten Punkt gemacht. Vor allem Menschen, die ohnehin gerne intuitiv und/oder energetisch arbeiten, könnten sich mit dieser Vorgehensweise besonders wohlfühlen.

Da häufig sehr schnell eine tiefe Entspannung einsetzt, könnte es sein, dass jemand leicht schwankt, da die Körperspannung nicht mehr so stark ist. Setzen Sie sich deshalb am besten hin oder bitten Sie Ihr Gegenüber, dies zu tun. Sie können die Punkte auch an einem „Stellvertreter" für jemand anderen halten, zum Beispiel eine Puppe, ich selbst bevorzuge meine Kaffeetasse. So müssen Sie den anderen nicht berühren oder können über die Ferne einen Impuls für jemanden setzen. Auch lassen sich zum Beispiel Katzen nicht so gerne an zwei Punkten berühren, weshalb ich für die Katze einer Freundin gerne ein Kuschelzebra verwende – aber das ist eine Frage des Geschmacks.

Übung: Experimentieren mit den zwei Punkten

Fahren Sie mit einer Hand an Ihrem Körper oder in der Luft entlang, bis Sie eine Art Ziehen in eine Richtung spüren. Folgen Sie diesem Gefühl, bis Sie das Gefühl haben, an der richtigen Stelle zu sein. Lassen Sie Ihre Hand (oder Ihren Finger) dort. Dann nehmen Sie die andere Hand (oder den anderen Finger) und suchen einen weiteren Punkt. Wenn Sie ihn erspürt haben, dann fühlen Sie die Verbindung der beiden Punkte zueinander im Gewahrsein des Herzzentrums.

Eine Hilfe kann es auch sein, zu fühlen, dass beide Punkte an der gleichen Stelle sind. Als würde sich das Universum falten und beide Punkte an einem Ort zusammenführen. Dies müssen Sie aber nicht ausprobieren, für manche ist dies aber eine Alternative, die es ihnen leichter macht, die zwei Punkte in Verbindung zueinander wahrzunehmen.

Wenn Sie eine Weile lang die Verbindung gefühlt haben, können Sie Ihre Aufmerksamkeit auf etwas anderes lenken, über irgendetwas nachdenken etc., während Sie die Punkte weiter halten. Machen Sie dies für wenige Minuten und spüren Sie, ob sich für Sie etwas ändert.

Sie können noch weiter experimentieren. Denn es besteht auch die Möglichkeit, mit den zwei Punkten konkret an einem Zustand etwas zu ändern, also mit Absichten zu arbeiten. Angenommen, Sie haben gerade einen Kontoauszug am Bankautomaten gezogen und fühlen sich mies, wenn sie die Zahlen sehen. Versuchen Sie trotzdem, Ihr Herzzentrum zu fühlen. Setzen Sie dann Punkt eins entweder auf dem Kontoauszug oder auf dem miesen Gefühl (da dieses Gefühl vermutlich in Ihrem Inneren ist, können Sie den Punkt auch mental in Ihrem Inneren platzieren). Stellen Sie sich nun einen anderen Kontoauszug vor, der Ihnen Freude bereiten würde, und setzen Sie dort Punkt zwei – oder setzen Sie diesen Punkt in Ihrem Gefühl der Freude über den neuen Kontoauszug. Fühlen Sie die Verbindung der beiden Punkte und lassen Sie los. Halten Sie die Punkte eine Weile im Geiste oder in der Realität und lassen Sie auch diese los. Leben Sie einfach weiter, schauen Sie, was in nächster Zeit geschieht.

Spielen in der Matrix

Mit dem Schreiben des Buches stecke ich fest. Nach ein paar Tagen beschließe ich, es mit Quantenenergie zu versuchen. Da ich aber einmal wieder „spielen" will, denke ich mir, dass dieses Projekt vielleicht irgendwie sichtbar werden kann für mich, sodass ich beobachten kann, wie es transformiert wird. Also frage ich mich, was ich sehen würde, wenn ich etwas dazu sehen könnte.

Und so stehe ich plötzlich ratlos inmitten von wild umherfliegenden Seiten, dem Chaos nicht Herr werdend. Die beschriebenen Blätter haben ein Eigenleben, sie verhalten sich wie Vögel, die in einem wilden Schwarm umhergeistern. Ich weiß nicht, wie ich sie bändigen soll.

Diese Situation nehme ich als Ausgangssituation. Dann frage ich mich: Wenn ich wüsste, was ich tun könnte, was wäre das? Und schon fühle ich in meiner Hand ein Zepter, ein Zeichen der Macht. Ich halte es hoch – und die Blätter gehorchen.

Nach und nach fliegen die Seiten langsam und in einem weiten Bogen auf einen Platz, wo sie sich zu einem ordentlich abgelegten Stapel Papier sortieren. Ich lasse los.

Jetzt weiß ich, was ich tun muss: Ich brauche eine neue Struktur, ein verändertes Inhaltsverzeichnis. Dann kann ich weiterschreiben. Also stelle ich erst einiges um und arbeite dann entspannt weiter am Text.

Über das Arbeiten mit zwei Punkten hinaus gibt es auch das transformative Arbeiten. Das bedeutet, dass das „Pointing" von zwei Punkten eine Art „lineares" Arbeiten ist – mit Punkt A und Punkt B und einer Verbindung der beiden. Beim transformativen Arbeiten (dem „Spielen in der Matrix") geht man ein wenig anders vor. Hier beobachtet man die Veränderung von Zuständen in den Energiemustern. Das heißt, Zustand 1 entspricht Punkt 1, die Veränderung ist dann sozusagen Punkt 2. „Spielen" in der Matrix bedeutet: SO TUN ALS OB. Angenommen, ich „sehe" ein Schloss und einen Schlüssel. Dann tue ich so, als ob beides jetzt hier real wäre, nehme den Schlüssel, stecke ihn ins Schloss und schließe auf. – Doch stellt sich für Sie hier vielleicht erst die Frage, wie Sie überhaupt etwas Derartiges sehen können.

Sie müssen nicht hellsichtig sein, um innerhalb des Quantenfelds zu „sehen". Unter Hellsichtigkeit verstehen viele Menschen, dass jemand Fakten erkennt und das Verhalten anderer Menschen deutet. „Sehen" auf Quantenebene hat mit dem Wahrnehmen von Fakten nur insoweit zu tun, als dass dort, wo Sie etwas wahrnehmen, tatsächlich etwas ist. Aber die Art und Weise, wie es sich Ihnen zeigt, ist eine Übersetzung Ihres Geistes. Wenn Sie also einen Tennisball „sehen", bedeutet das nicht, dass Sie Tennis spielen sollten. Es bedeutet lediglich, dass Sie ein Energiemuster wahrnehmen, das sich Ihnen als Tennisball darstellt. Sie können dann im Laufe Ihrer Interaktion mit dem Energiemuster fragen: Was soll ich damit tun? Und Sie könnten den Impuls haben, mit diesem Ball jetzt und hier (auf Quantenebene) Tennis zu spielen. Wenn Sie diesen Impuls haben, tun Sie es. Doch das Gesehene hat ansonsten keine Bedeutung. Es ist wichtig, während des Spielens in der Matrix nicht zu interpretieren. Wenn Sie etwas sehen, fragen Sie lieber eine Aktions-Frage wie: Was soll ich damit machen? Folgen Sie Ihren Impulsen. „Sehen" Sie zum Beispiel einen Stift oder Pinsel, so fragen Sie vielleicht: Was soll ich damit anmalen? Was soll ich wohin schreiben?

Das Wahrnehmen im Quantenfeld geschieht nicht mit geschlossenen Augen oder vor Ihrem geistigen Auge, sondern Sie schauen sich dabei mit offenen Augen im Raum um. „Sehen" in der Matrix erscheint mir oft wie eine Mischung aus übersinnlicher, bildhafter Wahrnehmung, aus angenehmem Halluzinieren und intuitivem Verständnis. Es ist so, als würde man luzide träumen – die Gesetze der Normalität sind außer Kraft, doch wir sind bewusst da und handlungsfähig. Auch muss man keine besonders ausgeprägten spirituellen oder intuitiven Fähigkeiten haben. Wenn Kinder sich vorstellen, sie seien ein Bär oder ein Tiger, machen sie etwas ganz Ähnliches: Sie tun als ob! Und genau das tun wir jetzt auch.

Das ist wichtig: Selbst wenn Sie nichts wahrnehmen, dann tun Sie so, als ob Sie etwas sehen würden. Sie tun so, als ob an dieser oder jener Stelle etwas wäre, und Sie tun so, als würden Sie etwas damit tun.

Zum Beispiel habe ich einmal jemanden, mit dem ich „spielte", als großen, bunten Silvesterkracher gesehen. Ich tat so, als sei der Kracher wirklich da, und ich spürte den Sprengstoff in der Hülle. (Wäre ich davon ausgegangen, dass dieser Sprengstoff zum Beispiel Wut symbolisieren würde, wäre das bereits eine Interpretation meinerseits! Bitte gehen Sie immer davon aus, dass es sich hierbei um Energiemuster handelt, die sich Ihnen auf die eine oder andere Weise zeigen.) Natürlich wäre es jetzt Unsinn gewesen, hätte ich ein Feuerzeug aus meiner Handtasche gekramt und meinen Übungspartner anzuzünden versucht. Es geht zwar darum, das Gesehene so zu behandeln, als sei es da, während man mit den Energiemustern interagiert. Doch diese Muster sind natürlich immer in der Interpretation unseres Geistes gesehen und nicht wortwörtlich zu nehmen. Spielen in der Matrix sollte nicht bedeuten, leichtsinnig zu werden. Würde allerdings beim „Spielen" in meiner Hand ein Quanten-Feuerzeug auftauchen und würde ich damit den Silvesterkracher entzünden, dann würde dies zur spielerischen Transformation des Energiemusters dazugehören.

Wenn Sie mit dem, was Sie sehen, so interagieren, als wäre es wirklich da, verschränken sich die Ebenen, und das „Vorgestellte" wird real. In Wirklichkeit ist das „Vorgestellte" auch real, doch es handelt sich bei diesen Bildern um Ihre individuelle Übersetzung. Zum Beispiel sehe ich ein Muster an jemandem als gelbe Spirale. Ein anderer sieht das gleiche Muster, aber für ihn sieht es aus wie ein Küken. Nun würden Sie mit der Spirale etwas tun, ein anderer würde auch mit dem Küken in Aktion treten – Veränderung geschieht auf jeden Fall!

Das Wichtigste am Spielen und am luziden Sehen in der Matrix ist, dass der Fokus nicht mehr auf dem Problem liegt, sondern bei den Mustern, beim Spiel, das unabhängig vom Problem zu sein scheint. Wenn also jemand mit einem Leiden (z. B. Mangel, Armut) „spielen" will, so wird er nicht mit Mangel oder Armut interagieren, sondern mit dem, was sich zeigt, wenn man sich auf Quantenebene begibt. – Und gerade dann kann es sein, dass sich gerade durch dieses Spielen etwas löst, etwas sich verändert.

Ein Unterschied zum linearen Arbeiten ergibt sich auch bezüglich der Zielsetzung. Wenn ich einmal einen ersten Zustand habe, den ich nicht haben möchte (z. B. Verspannung), und dann einen zweiten, erstrebenswerten Zustand (z. B. Leichtigkeit), lege ich mein Ergebnis schon von vornherein fest. Ich fokussiere auf Leichtigkeit, lasse dabei aber zum Beispiel Entspannung oder Wärmegefühl außer Acht.

Beim Spielen in der Matrix hingegen entfernt sich der Fokus sowohl vom ersten Zustand (das Problem wird beiseitegelegt) als auch vom zweiten Zustand (das Ergebnis bleibt offen, Veränderung geschieht in irgendeiner Form).

Das Spielen in der Matrix hat den Vorteil, dass Sie sich weder mit dem Problem auskennen müssen, noch müssen Sie wissen, was das beste Ergebnis sein könnte. Auch derjenige, mit dem Sie arbeiten, muss nicht wissen, wohin es gehen soll. Das ist vor allem dann von Vorteil, wenn zum Beispiel jemand überhaupt keine Zielsetzung hat, aber darunter leidet, dass zum Beispiel seine Arbeit so stressig ist. Nicht jeder Mensch ist sich klar über seine Wünsche, nicht jeder Mensch fühlt den Drang, etwas Bestimmtes zu erreichen, und es ist völlig in Ordnung so.

Entspannen Sie sich. Legen Sie nicht fest, woher zum Beispiel Geld kommen soll, das Sie vielleicht dringend benötigen. Schränken Sie den Strom der Fülle nicht ein, indem Sie ihm sagen, von wo er wohin fließen soll. Selbstverständlich können Sie Wünsche äußern, aber wenn Sie sich zu sehr festlegen, verringern Sie die Wahrscheinlichkeit und die Schnelligkeit der ganzen Angelegenheit. Wenn Sie sich zum Beispiel einen schicken roten Wintermantel wünschen, dann legen Sie auch nicht gleich fest, wann und wo Sie ihn finden. Sie werden ihn finden – oder etwas Besseres, Passenderes. Gehen Sie einfach offenen Auges durchs Leben.

Übung: Aktions-Fragen und Quanten-Spielen

Schauen Sie sich um. Gibt es etwas, das Ihre Aufmerksamkeit anzieht? Eine Stelle an Ihrem Körper, ein Punkt im Raum? Fühlen Sie in Ihr Herzzentrum und schauen Sie noch einmal.

Oft wissen Sie anfangs nicht, warum Sie sich zu einer Stelle hingezogen fühlen. Geben Sie dem trotzdem einfach nach.

Gehen Sie näher heran. Schauen Sie neugierig wie ein Kind auf die Stelle. Fragen Sie sich: Was würde ich hier sehen, wenn ich etwas sehen könnte?

Nun, nachdem Sie dies sehen, fragen Sie weiter: Was könnte ich damit tun?

Und dann tun Sie genau das.

Wenn Sie eine Schnur sehen, und Sie haben den Impuls, daran zu ziehen, dann tun Sie es, tun Sie es mit Ihren Händen. Greifen Sie danach, als wäre sie da (sie ist da: als Energiemuster). Schauen Sie, was passiert. Was könnten Sie als nächstes tun? Gibt es noch etwas, das Ihre Aufmerksamkeit anzieht? Fragen Sie: Soll ich etwas tun? Was könnte ich tun?

Manchmal genügt es, wenn Sie lediglich beobachten, was vor sich geht. Vor Ihren Augen vollzieht sich bereits eine Veränderung. Schauen Sie einfach zu. Wenn nichts geschieht, fragen Sie, ob etwas von Ihrer Seite getan werden soll. Und tun Sie dies, folgen Sie dem Impuls, der kommt.

Auf diese Weise können Sie sich „vorantasten". Sie wissen nicht, was als nächstes kommt, lassen Sie die Erwartungen auf etwas Bestimmtes los. Irgendwann kommt nichts mehr. Dann sind Sie fertig.

Wenn Sie lieber ein eindeutiges Signal möchten, können Sie auch eine innere Ampel installieren, die Ihnen anzeigt, ob Sie fertig sind. Eine rote Ampel bedeutet Stopp, eine grüne bedeutet Weitermachen.

Sie können auch andere Zeichen festlegen, die Ihnen zur Orientierung dienen, wie schwebende Wegweiser, helfende Kobolde, alles, was zu Ihnen passt und für Sie hilfreich ist. Manche Menschen, die guten Kontakt zu Lichtwesen haben, können sich auch von diesen helfen lassen.

Beobachten oder tun?

Irgendwann wurde mir bewusst, dass ich immer weniger in Problemen zu denken begann und immer mehr in Lösungen und Möglichkeiten. Ich hatte mir das nicht antrainiert oder mir Glaubenssätze aufgesagt, es kam einfach wie nebenbei. Diese neuen Gedanken spiegelten nur meine neue Sichtweise auf die Welt.

Und diese Sichtweise auf all das Neue war entstanden aus dem tiefen Wandel, der sich vollzog – und gleichzeitig vertiefte diese Art die Welt zu sehen die Wandlung noch mehr, sodass sich meine Sichtweise weiter änderte und immer so weiter. Weil ich jetzt Zustände als fließendes Potenzial wahrnehme, entdecke ich alles immer wieder neu.

Wir alle gehen mit den Schwierigkeiten unseres Lebens auf unterschiedliche Weise um. Manche von uns warten erst einmal ab, andere geraten in Eile, wieder andere machen einen Plan. Wir alle haben unterschiedliche Fähigkeiten und Erfahrungen, und so gibt es eine Vielzahl an Reaktionsweisen. Mithilfe des Handelns auf Quantenebene erweitern wir unser Handlungsvermögen, denn nun stehen uns neue Techniken zur Verfügung. Wir können aber auch etwas ganz Grundlegendes tun, was vielleicht zu Beginn nicht so wirkt, als sei es eine Handlung: Wir können beobachten.

Nun beobachten wir meist das, was wir bereits kennen. Wenn wir als Kind nicht bekamen, was wir brauchten, merken wir schnell, wenn wir unfair behandelt werden oder wenn wir etwas nicht bekommen, was uns zusteht. Und wir werden vielleicht fordernd, aus Angst, nicht zu bekommen, was wir brauchen – wie damals. Und daran ist ja auch erst einmal nichts verkehrt.

Tatsächlich kann es ja auch sein, dass wir übervorteilt werden, dass wir ausgenutzt werden, und wir wollen uns natürlich vor einer erneuten Verletzung schützen.

Das „neue" Beobachten, das ich im Folgenden beschreibe, soll daher nicht bedeuten, Offensichtliches zu übersehen bei dem Versuch, jetzt alles positiv zu deuten. Das ist keinesfalls gemeint, weil es leicht dazu führt, dass man versucht, etwas zu verdrängen, was man doch so offensichtlich wahrnimmt.

Doch wenn ich beobachte, was jetzt und hier ist, dann ist es einfach ein Ausgangspunkt, ein nüchternes Anerkennen dessen, was gerade da ist. Und wenn Gefühle da sind, dann nehmen wir sie auch einfach wahr. Eben alles, was da ist.

Beobachten auf die „neue" Art meint dann, dass wir nach Anzeichen für eine Veränderung Ausschau halten. Wir fragen uns: Was zeigt mir, dass es besser geworden ist? Schauen Sie hin, es zeigt sich. So sehen Sie vielleicht – um bei dem oben genannten Beispiel zu bleiben – auf einmal auch, wie viele Menschen Sie fair behandeln, ja Ihnen sogar etwas schenken! Sie beobachten jetzt, was Ihnen alles zufällt, wie reich Sie sind, und dass Sie alles haben, was Sie benötigen.

Und wenn dann doch wieder (um bei dem Beispiel zu bleiben) jemand Ihnen etwas wegnehmen oder Sie übervorteilen will, dann registrieren Sie es, nehmen Sie alles wahr, inklusive Ihrer Gefühle, und schauen weiter nach Anzeichen, dass es insgesamt besser geworden in Bezug auf dieses Thema. Genauso funktioniert das aktive Beobachten mit allen anderen Gebieten Ihres Lebens. Wo sind Sie schon erfolgreicher als gestern? Was können Sie heute besser? Wo fühlen Sie sich reicher und erfüllter? Sie suchen nach Anzeichen, halten Ausschau, aber reden sich nicht etwas schön, was Sie so nicht empfinden. Sollte eine Verschlechterung auftreten, so registrieren Sie sie, und wenn Sie sofort ganz praktisch etwas tun können, um die Situation zu ändern, tun Sie es. Und halten Sie parallel weiter Ausschau nach Anzeichen für eine Verbesserung.

Denken Sie an das Experiment aus dem Quantenphysik-Kapitel: Nicht das, was der Laborant denkt oder fühlt, verändert das Experiment, sondern das, was er beobachten will. Wenn Sie also jetzt nach Anzeichen dafür suchen, was sich geändert hat, beeinflussen Sie damit die Wirklichkeit – das „Experiment" Ihres Lebens richtet sich nach Ihrem inneren Versuchsaufbau.

Übung: Notieren, was besser ist

Es ist nun Ihre Aufgabe, ganz konkret den Fokus Ihrer Aufmerksamkeit zu verschieben. Notieren Sie hier, was sich bereits beim Lesen dieses Buches und beim Ausführen der ersten Übungen positiv verändert hat.

Wenn Sie möchten, führen Sie eine Art Tagebuch. Notieren Sie, was sich zum Besseren verändert hat. Auf diese Weise werden Sie sich Ihrer Sache immer sicherer und vertrauen immer mehr Ihren Fähigkeiten, mithilfe der Quantenenergie Ihr Leben zu gestalten. Und das Beste: Sie tun es gar nicht. Sie beobachten, wie es geschieht.

Glaubenssätze sind nur Gedanken

Endlich muss ich nicht mehr auf mein Denken achten, ja ich beachte es einfach gar nicht mehr. Die Angst, mein Denken hätte Auswirkungen auf mein Erleben der Realität, ich verschwunden. Wenn Wolken vorüberziehen, heißt das nicht unbedingt, dass es Regen geben wird.

Handeln aus dem Herzen macht sanft, klar, mutig, mitfühlend. Es verändert das Umfeld zum Guten, ob wir daran glauben oder nicht.

Meine Bemühungen, anders zu sein, als ich bin: besser, positiver, gütiger, fallen von mir ab, welch eine Last ist mir genommen. Im Erkennen, was ich bin, darf alles sein, und alles, was schädlich ist für mich oder andere, verschwindet von selbst, ganz ohne mein Zutun. Darauf kann ich vertrauen – ich muss es aber nicht. Geschehen wird es ohnehin.

Sie werden es vielleicht nicht glauben (das ist aber auch gar nicht wichtig): Man muss nicht an die Methoden von Matrix und Quantenenergie glauben, damit sie wirken. Und Sie müssen auch nichts Positives dabei denken. Das, was ich in diesem Kapitel beschreibe, ist für diejenigen, die bisher viel mit ihren Glaubenssätzen gearbeitet haben, vielleicht neu und ungewohnt. Doch probieren Sie es einfach aus, wie es ist, sich einmal nicht mit ihnen zu befassen. Denn für die Matrix benötigt man dies nicht, es kann sogar hinderlich sein, zu sehr auf seine Gedanken zu hören und ihnen zu viel Gewicht zuzumessen. Lassen Sie deshalb das Folgende einfach auf sich wirken und wenn Sie möchten, experimentieren Sie damit oder erforschen Sie es.

In einigen spirituellen Büchern liest man den Satz: „Du musst daran glauben, denn wenn du es nicht glaubst, kann es nicht funktionieren.“ An dem hier geforderten Denken gibt es zwei Haken. Der eine ist der, dass man schlecht etwas glauben kann, was man im Inneren eben nicht glaubt. Überzeugungen, die auf zutiefst verinnerlichten Mustern beruhen, mit dem Aufsagen von positiven Sätzen zu bekämpfen, sorgt meines Erachtens für eine energetische Spaltung. Man klammert sich an das Positive, spürt aber auch, wenn man in sich hineinfühlt, dass man gar nicht an das glaubt, was man glauben will, oder gar nicht daran glauben kann.

Wenn dann das positive Denken oder das Bemühen um Vertrauen nicht funktionieren, weil sich doch wieder das, was man vorher schon glaubte, nochmals bestätigt, wird der Zweifel vielleicht noch größer. Was also tun?

Wie wäre es denn, erst einmal ehrlich mit sich zu sein? Wenn man sich eingesteht, dass man nun einmal seine Zweifel und Ängste hat, ist dies meist eine Erleichterung. Nicht mehr positiv tun zu müssen, denken zu müssen, sondern das erstmal anzunehmen, was jetzt da ist. Denn der Witz an der Sache ist: Wenn ich vermeintlich negative Gedanken und Gefühle zulasse, werden sie eben nicht stärker in dem Sinne, dass sich mehr „Negatives“ manifestiert. Nein, das Bewusstwerden dieser Gefühle und Gedankenmuster ist der erste Schritt zur Auflösung derselben, manchmal sogar das einzig Notwendige.

Sicherlich verstärken sich manche Gefühle, wenn sie sich endlich in ihrem ganzen Ausmaß zeigen dürfen. Doch hierbei sollte man sich darüber bewusst sein, dass dieses Gefühl schon vorher in der gleichen Stärke da war, es war nur unterdrückt und jetzt darf es da sein. Wenn es gesehen und gespürt wurde, löst es sich. So muss das Unterbewusstsein nicht mehr darauf drängen, das Gefühl endlich zu spüren und deshalb im Außen die Auslöser kreieren.

Vorsicht vor den positiven Gedanken also, so könnte man überspitzt sagen, lassen wir doch einfach mal da sein, das da ist, alle Gedanken und Gefühle. Vor allem, wenn es später um das Auflösen von Blockaden geht, ist es allemal sinnvoller, vorhandene Blockaden wahrzunehmen und so auch auflösen zu können, anstatt sie „wegzudenken“ und sich dann zu wundern, dass sie im äußeren Leben immer noch vorhanden sind.

Auf einer noch tieferen Ebene ist es so, dass wir unsere Glaubenssätze, die die größten Auswirkungen auf unser Leben haben, gar nicht kennen. Denn würden sie uns bewusst sein, hätten wir sie schon halb gelöst. Doch gerade diese großen Themen sind oft an starke Gefühle, Körperempfindungen und Verdrängtes gebunden – sie sind also erst einmal ein blinder Fleck. Ohne allerdings wirklich zu wissen, was wir glauben, können wir dies doch gar nicht durch Neues ersetzen.

Warum also lange suchen, wenn wir mit der Quantenenergie einen direkten Zugang zur Veränderung haben? Hierfür müssen wir nichts wissen, keine Erkenntnisse vorweisen oder lange darüber nachdenken, was wir denn vielleicht glauben.

Was ist mit Haustieren, Zimmerpflanzen und Unternehmensstrukturen? Glauben sie an die Matrix? Vermutlich nicht. Und bei ihnen funktioniert die Methode auch. Selbst die Zweifel kann man pointen, und nach ein paar positiven Veränderungen wird auch der Verstand neugierig darauf, was sich noch alles ergeben kann.

Der Verstand ist nämlich auch nicht „böse“ oder blockierend oder unser Feind. Er speist sich auf alten Mustern, ungelebten Gefühlen, er speist sich aus dem Unterbewusstsein, aus dem, was andere Menschen sagen, die Medien uns vermitteln, unsere Eltern uns erzählt haben etc. Und glauben dürfen wir dem Verstand natürlich nichts.

Für das Arbeiten auf der Quantenebene ist das Glauben an die Wirkung unerheblich. Wichtiger ist es, zu beobachten, was sich ändert und einen Ausgangspunkt zu haben, von dem aus man loslegt. Der Ausgangspunkt ist das, was da ist, und nicht das, was ich mir wünsche oder was ich denke. Und es ist natürlich möglich, dass der Verstand, sobald Blockaden gelöst und Schönes sich zu manifestieren beginnt, auch Positives denkt, als Reaktion auf das, was geschehen ist. Er spiegelt in einem neuen, natürlichen positiven Denken, dass sich begrenzende Glaubenssätze gelöst und Gefühle befreit haben. Hier muss dann nichts mehr „umgedacht" werden, optimistische und freundliche Gedanken kommen ganz von selbst. Sie sind aber nicht wichtig, denn sie produzieren fast keinerlei Ergebnisse in der Manifestation.

Halten wir fest: Glaubenssätze in Form von Gedanken sind nicht Ursache für die Manifestation des Äußeren, sondern wenn überhaupt etwas, dann lediglich Spiegel eines Teils des Inneren.

Begrenzendes Denken bedeutet auch, sich auf das Positive zu beschränken. So wird das vermeintlich Negative unterdrückt. Lassen Sie doch erst einmal alles da sein, was da ist, und entscheiden Sie dann neu. Setzen Sie Punkt 1 inmitten des für Sie unangenehmen Gefühls, Punkt 2 irgendwo, wo es sich gut anfühlt, spüren Sie die Verbindung zwischen den Punkten und den Raum, der Sie umgibt. Lassen Sie los und wenden Sie sich etwas anderem zu.

Und beobachten Sie, dass Sie neue, erfrischende Gedanken haben. Doch messen Sie auch diesen nicht allzu viel Wert zu. Es sind nur Gedanken.

Übung: So, wie es ist

Gestehen Sie sich aktiv ein, was Sie wirklich glauben, fühlen und denken. Setzen Sie sich nicht mehr unter Druck, positiv denken oder sein zu müssen.

Wie geht es Ihnen jetzt?

Sind Sie erleichtert, weil Sie sich erlauben, einfach das zu fühlen, zu denken und zu sein, wie Sie eben nun mal gerade denken, fühlen und sind?

Und von diesem Ausgangspunkt können Sie pointen oder mit der Matrix spielen, denn nun wissen Sie, was Sie verändern möchten. Wenn Sie sich nur an der Oberfläche bewegen und mit Gedanken kämpfen, betreiben Sie Spiegelfechterei.

„Tu nicht so, als wärest du etwas,
was du nicht bist,
weigere dich nicht zu sein, was du bist."

*(Nisargadatta Maharaj, 1897–1981,
Advaita-Vedanta-Lehrer)*

Aus diesem Grund habe ich im Kapitel *Ausflug ins Quantenuniversum* auf das Doppelspalt-Experiment hingewiesen. Denn hier ändert die Beobachtung (nicht das Denken über das Experiment!) die Eigenschaften des Quants, es wird Welle oder Teilchen. Das bedeutet konkret: Wenn der Versuchsleiter angestrengt daran denken würde, dass es nun eine Welle sein soll, würde es keinerlei Auswirkung auf das Teilchen haben. Da aber mit dem Versuchsaufbau die Art der Beobachtung (also als Welle oder als Teilchen) festgelegt wird, richtet sich das Teilchen danach.

Deshalb hören Sie auf, Ihr Denken ändern zu wollen oder nur noch bestimmte Dinge denken zu wollen. Beobachten Sie lieber die Veränderung und lassen Sie sie dadurch geschehen.

Es ist schon geschehen

Auszug aus dem Tagebuch: „Heute habe ich den ganzen Tag über wahnsinnig viel erledigt, und das ist mir leichtgefallen. Unglaublich, wie einfach das war. Ich fühle Erleichterung. Mein Körper ist entspannt. Ein schöner Tag ist vergangen, ich bin froh darüber."

(11.10.2010 um 8.20 Uhr morgens)

Dieser Auszug aus dem Tagebuch wirkt so, als sei er am Ende eines ereignisreichen Tages geschrieben worden. Das wurde er aber nicht. Er stammt aus den Seiten, die ich 21 Tage lang morgens verfasst habe (siehe Kapitel *Das Programm für die große Veränderung*). Bei dieser Schreib-Übung, die ich für mein 21-Tage-Programm gewählt hatte, tut man morgens so, als sei es abends und man beschreibt rückblickend den Tag, der eigentlich noch vor einem liegt. Was beim ersten Lesen absurd und widersprüchlich klingt, hat einen tieferen Grund. Diesen werde ich im Folgenden erläutern.

Oft erscheint es uns so, als sei der Mangel hier und das Gewünschte dort. Hier Armut, dort Reichtum oder Fülle, hier Abrackern, dort Erfolg. Und dazwischen eine dicke Trennwand, eine unüberwindliche Mauer allem, was uns entgegensteht, aus Widerstand, aus früher gemachten Erfahrungen, aus was auch immer.

Nun gibt es das Denken, man müsste von diesem Ort des Mangels und der schweren Arbeit (hier) eine Art Fortentwicklung machen, um ins Land des Reichtums oder ans obere Ende der Karriereleiter zu gelangen (dort). Von hier nach dort müsste man die Mauer durchbrechen, die die eine Welt von der anderen trennt, oder einen langen, steinigen Aufstieg auf einen Berggipfel hinter sich bringen. Hier zum Beispiel könnte man schon einmal, fürs Erste, den ersten Punkt hier und einen zweiten Punkt hinter der Mauer oder auf dem Berggipfel setzen. Fühlen, dass sie über das Herzfeld verbunden sind, loslassen, fertig.

Sie haben aber noch eine andere Möglichkeit. Stellen Sie sich vor, es gibt diese beiden Welten gar nicht, keine Mauer, keinen Weg, keine Blockaden und Hindernisse, es gibt nur ein Hier und Jetzt. Fühlen Sie in Ihr Herzzentrum, fühlen Sie in Ihrem Brustkorb, was immer Sie dort wahrnehmen.

Dann spüren Sie dort, wie Sie sich fühlen würden, wenn Sie reich wären, in Fülle und Überfluss lebten oder an der Arbeitsstelle Ihrer Träume angekommen wären. Fühlen Sie Ihren Körper: Wie fühlt es sich an? Bekommen Sie gerade eine Massage in einem Luxus-Wellness-Tempel? Sehen Sie auf Ihren Kontoauszug und fühlen sich angenehm überrascht? Essen Sie köstliche Speisen in einem Nobelrestaurant? Schmecken, sehen, hören, fühlen Sie so real wie möglich, was immer auftaucht. Genießen Sie es mit allen Sinnen.

Und jetzt, nachdem Sie sich das ausgemalt und gefühlt haben, verfeinern Sie diese Art „Visualisieren mit allen Sinnen". Nun tun Sie so, als hätten Sie das alles bereits erlebt. Sie sind jetzt schon reich und erfolgreich und erzählen Ihren Bekannten, Sie haben eine prima Massage bekommen, Sie haben köstlichste Speisen genossen. Es ist schon geschehen! Die Unterschiede zum herkömmlichen Visualisieren bestehen darin, dass man es sich zum einen nicht nur im Kopf, sondern mit allen Sinnen vorstellt und zum anderen nicht in der Zukunft, sondern in der Gegenwart. Wenn Sie aber nur mit dem Kopf visualisieren, nutzen Sie das Potenzial des Herzfelds nicht. Wenn Sie es sich in der Zukunft vorstellen, ist es wie eine Botschaft ans Universum, es jetzt noch nicht geschehen zu lassen.

In dem Moment, in dem Sie es als schon gegeben ansehen, geben Sie eine Information in die Matrix, setzen Sie einen Impuls VOR der Manifestation. Und die „Realität" verändert sich nach diesen Vorgaben. Gregg Braden zeigt bei einem Vortrag[9] anschaulich anhand des Themas „Regen machen", wie ihm ein indianischer Schamane diese Art von visualisierendem Erleben erläutert und dies dann später bei einer Dürre in Australien angewandt wird. Es funktionierte in beiden Fällen, und beide Male wurde diese Technik genutzt.

Wenn man auf diese Weise Regen machen kann, warum nicht auch den Fluss der Fülle ein wenig vergrößern? Auf der Ebene der Quanten, in der Matrix, ist dies möglich.

Wenn Sie erlebt haben, wie es ist, das Gewünschte schon erhalten zu haben, lassen Sie los. Die Matrix wird reagieren. Sie haben ihr gerade eine Botschaft mitgeteilt: Es ist schon vollbracht. Also kreiert die Matrix das, was an sie vermittelt wurde, nämlich genau dies: Es ist schon vollbracht. Wenn man sich von hier nach dort wünscht, signalisiert man: Es gibt ein Hier, wo es nicht schön ist, und ein Dort, wo ich mich hinsehne. Und genauso ist es dann auch. Teilt man der Matrix mit, man wäre schon dort, folgt die Energie diesem schon so real vorgestellten und erlebten Gefühl. Und hier ist der wichtige Punkt: Stellen Sie es sich nicht nur im Kopf vor! Der Kopf hat nicht die Kraft, die die Herzenskraft hat. Deshalb fühlen Sie Ihr Herzzentrum, während Sie visualisieren – und vor allem mit den Sinnen erleben! Dieser Hinweis ist sehr wichtig, denn im Gegensatz zu vielen Positiv-Denken-Theorien ist es viel leichter, aus dem Herzen zu manifestieren als aus den Gedanken.

Was fühlen Sie, während Sie reich sind, die Fülle genießen? Wärme, Leichtigkeit, Freude, Erleichterung? Dies sind die Nachrichten an die Matrix. Gedanken kommen und gehen, sie sind der Aufmerksamkeit kaum wert, meist spiegeln sie nur die Emotionen. Beim möglichst realitätsnahen Erleben der gewünschten Situation erhalten Sie jedoch nicht nur einen Vorgeschmack auf das Kommende, sondern Sie schmecken es jetzt. Die Energie der Matrix folgt diesem Impuls, sie folgt dem gefühlten Erleben.

Jetzt Sie: Entspannen Sie sich, schließen Sie die Augen. Sehen Sie spontan eine Situation vor dem inneren Auge, die Sie mit Reichtum und Fülle verbinden, fühlen Sie dabei Ihr Herzzentrum. Fühlen Sie Ihren Körper. Spüren Sie es auf der Haut. Wo sind Sie? Was tun Sie? Wie fühlen Sie sich dabei? Und dann: Fühlen Sie Ihr Herz, lassen Sie das angenehme Gefühl ganz groß werden. Spüren Sie, dass all das JETZT geschieht. Lassen Sie dann los, öffnen Sie die Augen, widmen Sie sich dem Alltag. Sie haben die Botschaft abgesendet. Machen Sie mit Ihrem Leben weiter in dem Wissen, dass sich bereits etwas verändert hat.

Übung: Das Tagebuch von heute Abend

Schreiben Sie morgens auf, was Sie an diesem Tag erleben möchten. Tun Sie dabei so, als sei es schon Abend, und bedanken Sie sich dafür oder freuen Sie sich darüber, dass alles so eingetreten ist. Oder machen Sie eine Wunschliste für die Woche oder den Monat und bedanken sich jeden Tag, als wäre die Zeitspanne schon vorüber und alles wäre so geschehen, wie Sie es sich wünschten.

Freuen Sie sich, denn es ist schon geschehen. – Dies ist die Kraft, die manifestiert.

Die Spielfelder der Matrix: Anwendungsgebiete der Quantenenergie

Kommen wir nun zum praktischen – oder zum noch praktischeren – Teil. Sie kennen jetzt das Herzfeld, das Gewahrsein des Raumes und die zwei Punkte. – Gratulation! Das erste Ziel ist schon erreicht und Ihr Leben verwandelt sich bereits.

Nun stellen Sie sich vielleicht die Frage, wie Sie dies alles bezüglich Ihres Erfolgs oder Ihres Erlebens von Fülle anwenden können. Manche sind vielleicht grundsätzlich unsicher, was sie denn überhaupt wollen, welchen Weg sie einschlagen möchten. Oder wie sie herausfinden, was ihre Arbeit eigentlich wert ist oder was sie tief im Inneren von „diesem Geld" überhaupt halten.

Dann kommen Sie mit, betreten Sie mit mir die Spielfelder der Matrix – schauen wir, was wir so alles erspielen können.

Aufräumen und Klarheit schaffen

Am Ende entpuppt sich als Segen, wogegen ich mich erst so heftig gewehrt habe. Vor den Augen des Businesscoachs breite ich Kontoauszüge, Verträge und Abrechnungen auf dem Tisch aus. Ich komme mir bloßgestellt vor.

Doch der Coach schiebt die Unterlagen ungelesen zu mir zurück. Er lächelt mich verschmitzt an und sagt: „Mich interessieren diese Papiere in Wirklichkeit gar nicht. Mir ist wichtiger, was Sie so alles herausfanden, als Sie Ihre Unterlagen einmal ordentlich zusammengestellt haben."

Und er hat recht. Ich hatte noch nie so viel Übersicht über meine privaten und geschäftlichen Einnahmen und Ausgaben, ich hatte noch nie so viele überflüssige Verträge gekündigt oder neu ausgehandelt. Jetzt kannte ich die versteckten Kosten meines Unternehmens, Beträge, die ich immer wieder übersehen hatte, die aber im Gesamten gesehen beträchtlich waren. Es geht nicht nur darum zu sparen. Es geht darum, die Übersicht zu haben. Immerhin bin ich der Chef im Laden. Jetzt endlich fühle ich mich auch so.

Verlassen wir kurz die Quantenebene und bewegen uns in die „Realität", unsere altbekannte Wirklichkeit. Hier ist es sinnvoll, einfach die Dinge zu tun, die getan werden müssen. Und sich die Informationen zu besorgen, die man braucht.

Auf den Alltag übertragen bedeutet dies, dass es schön ist, in der Matrix Dinge zu bewegen und zu sehen, wie sich dies auf das Leben auswirkt. Dennoch schadet es nicht, sich ganz „realistisch" zu verhalten und zum Beispiel ein Buchführungsseminar zu besuchen, wenn man sich selbständig macht.[10] Oder Fortbildungen, wenn man Arbeitnehmer ist, Bewerbungstrainings, wenn man eine neue Stelle sucht. Auch schadet es nicht, sich gründlich zu informieren, bevor man ein neues Projekt beginnt.

Andererseits geht es aber auch darum, sich nicht zu sehr im Äußeren zu verzetteln und auf diese Weise Schritte zu vermeiden, die gegangen werden möchten. Es gilt also, eine Balance zu finden zwischen blindem Aktionismus und einer Verzögerungstaktik aus Angst, nicht alle Eventualitäten bedacht zu haben und etwas falsch zu machen. Auch geht es mir nicht darum, dass Sie leichtsinnig sein sollten, ganz nach dem Motto: „Ich mache da mal was mit Quantenenergie und spekuliere mal eben an der Börse." Ich kann Ihnen nicht sagen, ob ein solches Vorgehen sinnvoll wäre – es übersteigt meinen Glaubenshorizont, dass so etwas funktionieren könnte. Ich bin eher eine Person der praktischen, nachvollziehbaren Schritte. Denn dann komme ich auch selber mit und muss mich nicht unterbewusst sabotieren, damit ich einmal anhalte und Luft hole.

Der größte Schritt im Tun ist die Bestandsaufnahme des Jetzt-Zustandes. Es wirkt vielleicht erst einmal so, als sei es der schwierigste Teil, doch es ist vor allem der klärendste und der befreiendste. Denn erst, wenn Sie sich nichts mehr vormachen, können Sie einen neuen Zustand kreieren. Sie müssen den Ausgangspunkt kennen und nicht mehr zu vermeiden suchen, dann kann sich etwas Neues entfalten. Und wenn Sie Ihre derzeitige Lage nicht einmal kennen, wie wollen Sie überprüfen, ob sich etwas geändert hat? Sie werden sagen: Ich hatte Schulden, jetzt habe ich immer noch Schulden. Oder: Ich war arbeitslos, jetzt bin ich es immer noch. Da Sie aber Ihre ursprüngliche Situation nicht notiert haben, sehen Sie nicht, dass Ihr Schuldenberg schon geschrumpft ist (denn das ließe sich leicht an den Zahlen ablesen, die Sie notiert haben). Sie sehen nicht, dass Sie schon bei drei Vorstellungsgesprächen waren, die zwar nicht zu einer Anstellung führten, aber dennoch ein Erfolg waren, denn Ihre Bewerbungen sind offensichtlich besser als vorher, als Sie nur Absagen erhielten. Jetzt hingegen sind Sie eingeladen worden, also unter den fünf oder zehn besten von vielleicht Hunderten von Bewerbern gewesen.

In Fernsehsendungen wie „Raus aus den Schulden“ (RTL) sieht man immer wieder, wie verzweifelte Menschen die Hilfe von Schuldenberatern in Anspruch nehmen. Meistens geht es dann erst einmal darum, die Finanzlage zu klären. Alle Schuldenbeträge, alle Einkünfte und Ausgaben werden notiert, damit deutlich wird, welche laufenden Kosten anfallen, was noch bezahlt werden muss und welche Einnahmen fließen, um all dies zu begleichen. Das, was auch ein Unternehmer immer wieder macht, können auch Sie im Kleinen für Ihre privaten Finanzen tun.

Machen Sie eine Bestandsaufnahme. Klären Sie Ihre Schuldenbeträge. Wenn Sie kein Typ zu übermäßigem Sparen sind, beschränken Sie sich nicht zu sehr, nur um die Schulden schnell los zu sein. Sie würden es nicht lange durchhalten. Schätzen Sie auch sich selbst realistisch ein.

Übung: Bestandsaufnahme

Listen Sie auf, was Sie ausgeben müssen und wollen.

Posten	*monatlich in Euro*
Miete	______*Euro*
Nebenkosten (Strom, Wasser)	______*Euro*
Krankenkasse	______*Euro*
Pflegeversicherung	______*Euro*
Andere Versicherungen (Haftpflicht usw.)	______*Euro*
Telefon und Internet	______*Euro*
Handy	______*Euro*
Fahrtkosten und/oder Auto	______*Euro*
Raten, Hypotheken	______*Euro*
Kinder	______*Euro*
Haustiere	______*Euro*
Spenden	______*Euro*
Hobbys, Freizeit (Fitnessstudio etc.)	______*Euro*
Urlaub	______*Euro*
Rücklagen Reparaturen, Zahnarzt etc.	______*Euro*
Lebensmittel	______*Euro*
Kleidung	______*Euro*
Friseur, Drogerie	______*Euro*
Sonstiges: ____________________	______*Euro*
Gesamt:	______*Euro*

Sehen Sie Ihre Kontoauszüge nach Abbuchungen durch, vielleicht gibt es noch Zahlungen, die Sie vergessen (oder verdrängt?) haben. Eine Freundin von mir zahlte zum Beispiel noch den Beitrag für ein Fitnessstudio, obwohl sie schon vor mehreren Monaten in eine andere Stadt gezogen war.

Stellen Sie sich Ihrer Angst und klären Sie, wie hoch Ihre Schulden und Ihre Ausgaben sind, denn auf diese Weise erhalten Sie Klarheit. Denn positiv zu sein bedeutet nicht, Fakten außer Acht zu lassen. Verleugnen Sie Ihre Situation nicht, aber versuchen Sie auch, sie nicht zu dramatisieren. Bringen Sie alles aufs Papier, damit es nicht mehr in Ihrem Kopf kreisen muss.

Tipp: Sie können auch mit Gläubigern sprechen. Oft sind sie, wenn sie erfahren, dass jemand nur wenig Geld zur Verfügung hat, dankbar für die Information und lassen mit sich über niedrigere Raten reden.

Allgemein gesehen würde ich immer dazu raten, Schulden abzubauen – zwar so, dass Sie auch noch gut leben können, aber stetig. Und dies aus dem einfachen Grund, damit Sie die Last nicht mehr spüren, die die permanenten Forderungen darstellen. Machen Sie nur dann Schulden, wenn Sie damit realistisch kalkulieren können – dafür müssen Sie aber Ihre Einnahmen und Ausgaben sowie Ihre Art, Geld zu sparen oder auszugeben, gut kennen. Es gibt Unternehmer, die zum Beispiel in eine neue Maschine investieren, um mit dieser Maschine Gewinne zu erzeugen. Für eine solche Maschine einen Kredit aufzunehmen, kann sinnvoll sein. Doch oft ist es so, dass man gar nicht allzu große Anschaffungen tätigen muss, vor allem im privaten Bereich.

Vieles kann man auch gebraucht kaufen, und man muss auch nicht immer das neueste Gerät haben und man kann vieles auch mieten oder leihen. Als Existenzgründer hat schon so mancher in der eigenen Garage und einem Laptop angefangen, erst später kommen dann Geschäftsräume und Mitarbeiter dazu – wenn es gut läuft. Wenn nicht, haben Sie aber auch noch nicht zu hohe

Investitionen getätigt – also auch keine hohen Verluste oder Schulden gemacht.

Nicht immer ist die Spar-Strategie angebracht, denn sparen kann auch bedeuten, den Mangel zu bestätigen. Sparen Sie deshalb nur, wenn Ihnen das leichtfällt und wo es Ihnen leichtfällt. Und wenn Sie Luxus brauchen, gönnen Sie ihn sich so lange, wie Sie sich damit nicht schaden. Denn Menschen, die über ihre Verhältnisse leben, haben auch Angst vor Mangel, aber ihre Strategie ist eine Angriffsstrategie, die aber auch wieder eine Art von Kampf mit etwas ist.

Wenn Sie Ihre Finanzen geklärt haben, haben Sie auch einen guten Ausgangspunkt für das energetische Arbeiten im Quantenfeld. Nun haben Sie nämlich den Ausgangszustand (Punkt 1) oder etwas, womit Sie spielen können.

Genau das Gleiche gilt für Menschen mit dem Wunsch nach beruflicher Veränderung. Listen Sie auf, was Sie brauchen. Dies ist der Mindestbetrag, den Sie netto (!) einnehmen müssen.

Besonders für (angehende) Selbständige ist es wichtig, die Beiträge der Krankenkassen und die Steuersätze zu kennen. Legen Sie unbedingt das Geld für die Steuer im laufenden Geschäftsjahr beiseite, damit Sie Ihre Angelegenheiten mit dem Finanzamt solide, transparent und flott abwickeln können.

Und für diejenigen auf der Suche nach einem (neuen) Job: Listen Sie Ihre Fähigkeiten und Kenntnisse auf und vor allem das, was Ihnen Spaß macht (mehr dazu im Kapitel *Prüfungen, Bewerbungen, Vorstellungsgespräche und Praktika*). Stellen Sie all dies dem gegenüber, wie es Ihnen gehen wird, wenn Sie so weitermachen wie bisher. Machen Sie sich klar, warum Sie sich eine Veränderung schuldig sind: damit Sie endlich glücklicher sind, weil Sie einen Beruf ausüben, der Ihnen Freude macht.

Motivation

Wofür tue ich das alles?, frage ich mich schon beim Aufwachen. Draußen regnet es in Strömen, mein Computer braucht wieder endlos lange, um hochzufahren, und ganz allgemein hat sich Unlust eingestellt. Mein Kontostand lässt die Lage nicht besser erscheinen.

Ich beschließe, mich erst einmal zu sammeln und setze mich weit weg vom Schreibtisch in eine bequeme Position. Ich denke nach und frage mich, was mein ursprünglicher Wunsch war, der hinter meiner Unternehmung stand. Und da erinnere ich mich: Ich hatte doch auf einem Seminar einmal eine Liste angefertigt mit Werten. Und einer der Werte war „Unabhängigkeit" gewesen. Dies passt gut zu meiner Unternehmensgründung und dazu, mein eigener Chef zu sein. Ich fühle, dass ich trotz aller Widrigkeiten meiner Unabhängigkeit nähergekommen bin, seit ich selbständig bin. Ich teile mir die Zeit selbst ein, kann mir einen Mittwoch freinehmen und dafür samstags arbeiten, ich kann Aufgaben delegieren, auf die ich keine Lust habe, ich kann Kunden ablehnen, die nur Ärger machen und nicht zahlen. Welch eine Freiheit!

Bin ich bereit, mich dafür wieder an den Schreibtisch zu setzen und weiterzumachen? In mir spüre ich ein deutliches Ja.

Es ist immer schwierig, sich zu etwas zu bewegen, wenn man nicht weiß, warum man es tun möchte. Dies wird noch verstärkt, wenn das Vorhaben langwierig, verzwickt oder anstrengend ist. In einer solchen Situation ist es motivierend, wenn Sie den Wert kennen, dem Sie mit Ihrem Vorhaben dienen. Dies bedeutet, dass Sie zum Beispiel den Wert „Liebe" oder „Freiheit" oder „Reichtum" in sich entdecken. Wenn Sie sich darüber im Klaren sind, dass Ihnen Freiheit sehr wichtig ist, und Sie sich zum Beispiel selbständig machen, damit Sie zeitlich flexibler sind, um vielleicht auch einmal auszuschlafen oder sich um Ihre Kinder zu kümmern, dann wissen Sie, dass sich Ihre Mühe lohnt: Denn Sie sind Ihrer Freiheit ein gutes Stück näher, ja, sie ist teils schon verwirklicht. Der Unterschied, den motivierenden Wert zu kennen oder nicht, ist der, dass Sie sich nun nicht mehr einfach nur abrackern, sondern den positiven, persönlichen Mehrwert vor Augen haben, den Ihr Tun mit sich bringt.

Übung: Werte definieren

Was also sind Ihre Werte? Mitgefühl, Verantwortung, Miteinander, Familie, Hilfsbereitschaft? Finden Sie zehn Werte, die Sie haben, und schreiben Sie sie untereinander.[11]

1) ______________________________

2) ______________________________

3) ______________________________

4) ______________________________

5) ______________________________

6) ______________________________

7) ______________________________

8) ______________________________

9) ______________________________

10) ______________________________

Und jetzt notieren Sie hinter jedem Wert, wie sehr Sie ihn bereits leben. Geben Sie jedem Wert eine Zahl auf einer Skala von null bis zehn (null = ich lebe diesen Wert zurzeit gar nicht; zehn = ich lebe diesen Wert voll). Wenn Sie zum Beispiel Altenpflegerin sind und den Wert „Hilfsbereitschaft" aufgeschrieben haben, so können Sie sich dort einen hohen Wert geben. Sie leben jeden Tag Hilfsbereitschaft, stimmen also in Ihrem Alltag mit dem überein, was Ihnen wichtig ist. Wie sieht es hingegen aus mit Ihrem Wert „Freude" (oder einem anderen Wert, den Sie aufgeschrieben haben)?

Ziel dieser Übung ist nicht nur, herauszufinden, welche Werte Sie haben. Es geht auch darum, Ihre konkreten Ziele diesen Werten zuzuordnen. Auf diese Weise erhöhen Sie ihre innere Motivation, dieses Ziel zu erreichen. Haben Sie zum Beispiel das konkrete Ziel, eine Weltreise zu machen, und auch den Wert „Freiheit", so können Sie diese beiden miteinander verbinden. Eine Weltreise würde Ihr Gefühl von Freiheit verstärken. So wird aus einem Ziel eine Vision, der Lockruf einer Sehnsucht, die erfüllt sein möchte. Und Ihre Fähigkeit, dauerhaft an der Umsetzung Ihrer Pläne zu arbeiten, wird gestärkt. Denn es geht nun nicht mehr nur um das Buchen der Tickets, um die Finanzen etc., es geht plötzlich um Sie selbst, um Ihren Wert der Freiheit, den Sie für sich verwirklichen.

Oder Sie überlegen vielleicht, ob Sie nicht einen sozialen Beruf ergreifen sollten. Schauen Sie in Ihrer Werte-Liste. Haben Sie einen Wert wie „Verbundenheit" oder „Nächstenliebe" notiert? Könnte dies der Motor sein, der Sie antreibt, eine Entscheidung aus dem Herzen zu treffen und an der Umsetzung Ihres Wertes zu arbeiten?

Übung: Ziele und Werte

Notieren Sie hier Ihre konkreten Ziele. Ordnen Sie danach erst jedem Ziel einen Ihrer Werte zu.

Ziel: ________________ *Wert:* ________________

Ziel: ________________ *Wert:* ________________

Ziel: ________________ *Wert:* ________________

Ziel: ________________ *Wert:* ________________

Ziel: ________________ *Wert:* ________________

Ziel: ________________ *Wert:* ________________

Ziel: ________________ *Wert:* ________________

Ziel: ________________ *Wert:* ________________

Ziel: ________________ *Wert:* ________________

Ziel: ________________ *Wert:* ________________

Ziel: ________________ *Wert:* ________________

Ziel: ________________ *Wert:* ________________

Machen Sie eine große Sache daraus. Es ist wichtig, Werte zu leben. Es wird für Sie einfacher, wenn Sie sich bei Entscheidungen an Ihrem Wert ausrichten, wenn Sie sich an einem Tag, an dem nichts zu funktionieren will und Sie schon alles hinwerfen wollen, daran erinnern, wofür Sie dies alles eigentlich tun.

Übung: Alternativen-Simulation

Was, wenn ich nicht weiß, was ich will? In einem solchen Fall könnte man ausprobieren, bei welcher Alternative die meiste Motivation vorhanden ist.

Für diese Simulation nehmen Sie am besten mehrere Blatt Papier und schreiben auf jedes mit einem dicken Stift eine Alternative. Zum Beispiel auf ein Blatt den bisherigen Beruf, dann auf ein weiteres den verrücktesten Traum. Und weitere Alternativen, auch Dinge, die andere vorgeschlagen haben und mit denen Sie liebäugeln oder hadern. Ein Blatt wird freigelassen, dies ist das Nullfeld, von dem aus Sie die verschiedenen Positionen einnehmen, um erst danach auf die nächste Positition zu gehen.

Nun legen Sie das Nullfeld-Papier vor sich auf den Boden. Dann verteilen Sie die anderen Blätter mit den Alternativen in einem Halbkreis um dieses Nullfeld, sodass jedes Blatt ungefähr den gleichen Abstand zum Nullfeld hat. Man kann die Blätter auch mischen, umdrehen und eine „blinde" Legung machen. Das ist auch eine interessante Möglichkeit, da Sie auf diese Weise keine Erwartungen daran stellen, was Sie fühlen müssten oder sollten. Sie können also die Legung offen oder verdeckt machen, so wie es sich für Sie am besten anfühlt.

Nun stellen Sie sich auf das Nullfeld. Hier ist nichts entschieden, alles ist möglich, alles ist offen. Dann gehen Sie auf das erste Blatt Papier mit einer der Alternativen. Schließen Sie die Augen und fühlen Sie in sichhinein. Wie geht es Ihnen? Was spüren Sie? Sind Sie motiviert oder nicht? Ist Widerstand da oder sogar Abneigung? Fühlt es sich stressig an oder stimmig?

Wenn Sie möchten, schreiben Sie dies in kurzen Stichpunkten auf, damit es in all den Eindrücken nicht verloren geht – vor allem, wenn Sie viele Alternativen gelegt haben. Wenn Sie diese Übung zu zweit machen, dann bitten Sie Ihren Partner, dies für Sie zu notieren.

Nun gehen Sie nicht sofort auf das nächste Blatt, sondern zurück auf das Nullfeld. Sonst verwischen die Emotionen und Eindrücke, die Sie eben wahrgenommen haben. Vom Nullfeld aus stellen Sie sich auf das nächste Papier und spüren wieder, wie es Ihnen geht, welche Impulse Sie haben und so weiter; so wie Sie es soeben schon getan haben. Und notieren Sie es wieder oder lassen es von einem Mitspieler aufschreiben. Dann stellen Sie sich wieder auf das Nullfeld und so weiter.

Am Ende haben Sie eine recht präzise Analyse Ihrer Gefühle zu jeder Alternative, und Sie können diesen Gefühlen folgen oder auch nicht, das ist Ihre Entscheidung. Das Ergebnis dieser Übung ist jedoch eine Klarheit darüber, was Sie empfinden – im Gegensatz zu dem, was Sie denken, wie Sie jede Alternative finden sollten, zum Beispiel weil der eine Job lukrativer ist als der andere oder er Ihnen sicherer zu sein scheint.

Vor allem bei den „blinden" Legungen ist es interessant, am Ende zu schauen, bei welcher Alternative Sie was empfunden haben. Dies wird Sie teilweise überraschen. Doch bei der „blinden" Legung konnten Sie sich selbst nicht beeinflussen, Sie konnten Ihren eigenen Erwartungen und Vorstellungen ein Schnippchen schlagen und wahrnehmen, was wirklich da ist.

Vermutlich werden sich am Ende mehrere Alternativen gut angefühlt haben, andere können Sie nun guten Gewissens ausschließen. Das ist doch ein Fortschritt. Nun können Sie schauen, welche der Alternativen sich am einfachsten umsetzen lassen oder worauf Sie jetzt am meisten Lust haben und so weiter. Das heißt, Sie haben nun eine kleine Entscheidungshilfe oder wenigstens eine Hilfe beim Eingrenzen der Möglichkeiten erhalten.

Blockaden und Mangelgefühle? Kein Problem!

Eine Freundin ruft mich an. Im Gespräch erwähnt sie, dass der Internethandel von ihr und ihrem Partner derzeit nicht so gut läuft. Sie sagt: „Mach doch mal diese Quantensache für uns. Ich bin neugierig, was dann passiert."

Also gehe ich mit der Aufmerksamkeit in das Herzfeld. Dann schaue ich, was ich auf Quantenebene „sehe". Ich erkenne ein Raumschiff mit einem Schaltzentrum, hier laufen viele Drähte zusammen. Dies ist das energetische Bild des Unternehmens meiner Freunde, wie es sich mir darstellt. Ich schaue, was sich dort tut. Es ist nicht viel los, ab und zu blinkt ein Lämpchen irgendwo auf, Kabel hängen lose aus den Armaturen. Was wird nun geschehen? Ich bin neugierig geworden. Kleine Männchen kommen, lustige Aliens mit Schraubenschlüsseln, die die Drähte wieder zusammenfügen und die Armaturen wieder auf Hochglanz polieren. Nun wird es sehr geschäftig in dem Schaltzentrum. Lämpchen blinken, die Computerbildschirme springen flackernd an. Der Laden läuft, denke ich zufrieden und lasse los.

In vorangegangenen Kapiteln habe ich schon einmal erwähnt, dass man bei den Matrix- und Quanten-Techniken nicht auf der Ebene der Probleme verweilt, sondern die Perspektive wechselt. Es wird mit Energiemustern gespielt, anstatt sich weiterhin auf ein Problem festzulegen, das gelöst werden muss, was unheimlich anstrengend sein kann.

Genauso verhält es sich mit Blockaden und dem Gefühl des Mangels. Erst einmal kann man feststellen, dass eine Blockade oder ein Mangel da ist. Dann würde man auf Quantenebene wahrnehmen, was Punkt 1 sein könnte oder der Ausgangszustand. Denn Blockaden und Mangelgefühle drücken sich – wie jedes andere Problem – als Energiemuster aus, das Sie sich sichtbar machen, indem Sie es sehen möchten. Schauen Sie, was da ist.

Eine Blockade ist dann vorhanden, wenn jemand etwas möchte, aber durch sich selbst oder andere oder die Umstände daran gehindert wird, dies zu tun oder zu erreichen. Manchmal ist eine vermeintliche Blockade ganz gesund und genau das Richtige zu einer bestimmten Zeit. Ich selbst bin ein Beispiel dafür. Ich meinte einmal, ich müsste sämtliche Blockaden abarbeiten, die mich davon abhielten, eine bestimmte Tätigkeit auszuüben. In der vollen Überzeugung, dies sei richtig für mich und nur meine Widerstände würden dem richtigen Job entgegenstehen, leistete ich eine ganze Menge Arbeit an mir selbst. Und raten Sie, was geschah, als ich alle Blockaden abgearbeitet hatte: Nun hatte ich nichts mehr gegen den Job, meine Widerstände waren weg. Aber es lag nun völlig klar auf der Hand, dass diese Tätigkeit mich überhaupt nicht interessierte. Es hatte also gar nichts aufzulösen gegegen, denn meine „Blockade“ bestand lediglich darin, nicht wahrnehmen zu wollen, dass ich diesen Job gar nicht machen wollte. Und dies aus gutem Grund.

Es ist also auch ganz gesund, manche Dinge nicht tun zu wollen, und es wäre irgendwie schräg, sich dazu zwingen zu wollen, indem man Widerstände abbaut, die einfach nur ein Verweis darauf sind, dass wir etwas gar nicht tun wollen. Man muss nicht alles „wollen wollen“. Nein zu sagen zu dem, was uns nicht wirklich reizt, tut gut. In einer Welt voller Möglichkeiten ist es erleichternd, vorzusortieren, was uns interessiert und Freude macht, nur so können wir unsere Herzenswünsche aufspüren und umsetzen.

Doch es gibt natürlich den Zustand, und den kennen viele von Ihnen sicherlich, dass es eben diese Herzenswünsche sind, die blockiert zu sein scheinen. Und hier können Sie auf Quantenebene mit den Mustern spielen, die Sie sehen. Arbeiten Sie über das Herzfeld, sehen Sie der Veränderung zu, etwas geschieht immer.

Und auch das Mangelbewusstsein, über das viel geschrieben wird, ist einfach eine Art von Energiemuster, das sich Ihnen zeigen kann. Es ist auch eigentlich gut zu verstehen, dass jemand, der viel in seinem Leben entbehren musste, einen Wunsch danach entwickelt, das Gebrauchte zu haben oder zu erreichen, in der Hoffnung, sich dann besser zu fühlen – denn wenn das Gewünschte erreicht ist, so hofft man, ist der Mangel, die verzweifelte Sehnsucht nicht mehr zu spüren.

Auch dies wird sich Ihnen als Muster zeigen, vertrauen Sie darauf. Schauen Sie, was geschicht, wenn Sie mit allem, was sich zeigt, spielen.

Übung: Der Reichtums-Regler

Probieren Sie dies zu einem Mangelmuster aus, und schauen Sie, wie Sie sich dabei fühlen.

Stellen Sie sich für diese Übung am besten hin. Wenn Sie diese Übung alleine machen, dann beugen Sie sich vor und suchen von den Fußspitzen aufwärts in der Luft nach einem Punkt, an dem Sie einen Zug spüren, genauso wie im Kapitel Zwei Punkte vorne im Buch beschrieben.

Nun stellen Sie sich vor, Sie haben einen Regler vor sich. Der Punkt, an dem Sie den Zug spüren, zeigt die Höhe des Reichtums, den Sie jetzt zulassen. Ziehen Sie diesen Regler langsam höher, bis Sie spüren, dass es genug ist. Dies ist der Stand des Reichtums, den Sie durch diese Übung zulassen können. Da sich nun ein Zustand in einen anderen gewandelt hat, wurde im Prinzip ein Two-Pointing durchgeführt.

Lassen Sie nun los. Ziehen Sie den Regler nicht höher, denn sonst befinden Sie sich in einer für Sie unrealistischen Höhe, die Sie vermutlich jetzt noch nicht annehmen könnten. Machen Sie die Übung lieber 21 Tage lang, um einen dauerhaften Effekt zu erzielen (siehe das Kapitel Das Programm für die große Veränderung).

Übertreiben Sie es hier nicht. Lassen Sie Ihren Körper, Ihr Bewusstsein entscheiden, auf welchem Level es nun steht – denn hier könnte die Blockade liegen, die den Geldfluss behindert. Es würde kaum etwas nutzen, wenn man Ihnen plötzlich den Regler bis ins Unendliche hochreißen würde, Sie wären vielleicht einfach nur überfordert. Machen Sie lieber regelmäßig diese Übung und steigern Sie langsam, aber nachhaltig.

Wenn Sie dann auf einem höheren Einkommenslevel sind, dann können Sie mit einer weiteren Erhöhung gut umgehen. Wenn Schritte sehr groß sind, gibt es manchmal auch Rückfälle, weil Sie noch nicht bereit waren für den großen Reichtum. Gehen Sie dann alles noch einmal in einem Tempo an, das Ihnen liegt.

Suchen Sie jeden Tag die Punkte neu, und wenn an einem Tag der erste Punkt niedriger sein sollte als am Tag zuvor, denken Sie bitte nicht weiter darüber nach. Die Punkte stehen nicht für konkrete Zahlen, sondern drücken Verhältnisse aus.

Probieren Sie aus, ob diese Übung Ihnen zusagt und Ergebnisse bringt. Wenn nicht, machen Sie eine andere Übung.

Übung: Matrix-Simulation

Da es oft so wirkt, als sei der Mangel hier und das Ersehnte an einem anderen Platz, schlage ich eine Matrix-Simulation vor (sie funktioniert ähnlich wie eine sogenannte „Aufstellung", die Sie vielleicht aus der Systemik kennen).

Hierzu schlage ich Ihnen vor, zwei weiße Blatt Papier zu nehmen, oder ein weißes und ein buntes Blatt Papier. Auf das eine schreiben Sie, wie Sie Ihren Mangel erfahren, aber nicht in der Form einer Person, die ein Problem hat („ich habe einen furchtbaren Job"), sondern schreiben Sie, wie sich das anfühlt und was Sie erleben (z. B. „da zieht sich was zusammen im Magen, Übelkeit taucht auf").

Auf das andere Blatt schreiben Sie, was Sie sich wünschen, und zwar in der Jetzt-Form, also: Ich habe einen Beruf, der mir Freude macht. Ich bin reich und glücklich. Und so weiter.

Stellen Sie sich erst auf das Mangel-Papier und fühlen Sie, sehen Sie, was immer sich zeigt. Nach einer kurzen Weile stellen Sie sich auf das Fülle-Blatt und spüren und schauen auch hier, was immer auftaucht. Und nun machen wir ein „simuliertes" Pointing: Stellen Sie sich auf den Boden und schieben Sie beide Blätter langsam übereinander, während Sie ihr Herzfeld und die Verbindung zwischen den beiden Blättern spüren. Wenn beide übereinander liegen (das Fülle-Blatt oben), stellen Sie sich langsam auf die beiden übereinandergeschobenen Blätter. Genießen Sie, nehmen Sie wahr, was sich verändert hat.

Wenn Sie möchten, schreiben Sie dies in Ihr Tagebuch oder auf ein drittes Blatt. Und die beiden Simulationsblätter können Sie danach gerne vernichten, da sie Zustände reflektieren, die nicht mehr existieren.

Übung: Entscheiden statt Erbitten

Gabriele Bodmer schreibt in ihrem Buch „Heilige Formen des Lichts"[12] unter anderem über die Themen „Erlaubnis" und „Ermächtigung". Erlaubnis bedeutet, mir nicht mehr das zu verbieten, was ich wirklich möchte, und mir zu erlauben, was mir früher – vielleicht auch aus gutem Grund – verboten wurde.

Ermächtigung wiederum ist etwas sehr Kraftvolles. Hierbei geht es darum, nicht mehr ein Bittsteller zu sein, also jemand, der eine höhere Macht um etwas bittet. Sondern jemand, der sich selbst ermächtigt, etwas zu erhalten. Also letztlich eine Haltung, dass einem etwas zusteht, für das er nicht betteln muss, um es zu bekommen. Nehmen wir zum Beispiel das Thema Geld. Angenommen, Sie glauben, Sie sind nicht würdig, eine Gehaltserhöhung zu erhalten oder Ihre Preise zu erhöhen. Ermächtigung bedeutet hier, dass Sie nicht hoffen müssen, dass Sie den Wert Ihrer Arbeit höher ansetzen dürfen – sondern Sie wissen, dass es so ist, dass Sie dies verlangen können. Und woran erkennen Sie, dass Sie dies können? Ganz einfach: Sie entscheiden, dass Sie es wert sind. Sie bitten nicht darum und überlassen dem Gegenüber (Chef, höhere Macht, Götter etc.) die Entscheidung, sondern Sie ermächtigen sich dazu, selbst zu entscheiden, dass es so ist.

Was ist der Unterschied? Sie merken es. Vom Untertan haben Sie sich zum König Ihres Lebens gekrönt.

Aus diesem Grund könnten Sie versuchsweise ausprobieren, anstatt Ihrer Wünsche und Bitten einmal etwas Neues auszuprobieren: die Entscheidung für etwas.

Schauen Sie auf Ihre Wunschliste, falls Sie eine haben. Oder fertigen Sie eine solche an. Oder nehmen Sie einen innigen Wunsch, den Sie schon lange hegen. Wie drücken Sie ihn normalerweise aus? „Ich hätte gerne ...", „Ich wünsche mir ..." und so weiter. Nun drehen wir sozusagen den Spieß um. Wenn Sie eine Liste haben, erneuern Sie sie jetzt. Aber anstelle der Wunschformulierung schreiben Sie „Ich entscheide mich für ...". Also nicht: „Ich wünsche mir so sehr einen neuen Job, der mir Freude bringt und von dem ich gut leben kann." Sondern: „Ich entscheide mich für einen neuen Job, und ich entscheide mich dafür, dass er mir Spaß macht, ich entscheide mich dafür, dass ich gut leben kann von dem Geld, das ich verdiene oder das ich aus anderen Quellen erhalte."

Schreiben Sie hier auf, wofür Sie sich jetzt entscheiden:

Spüren Sie den Unterschied? Fühlen Sie sich klarer? Weniger abhängig? Und: Wofür konnten Sie sich noch nicht entscheiden, obwohl Sie es sich wünschen? Ist das nicht auch interessant? Offensichtlich sind Sie für manches noch nicht bereit. Dies ist völlig in Ordnung, bitte sehen Sie das nicht als Wertung. Mir selbst ging es auch schon so. Ich hatte, nachdem eine Beziehung beendet war, eine starke Sehnsucht nach einem neuen Partner. Und als ich dann aussprach: „Ich entscheide mich für einen neuen Partner", die Sache also plötzlich real werden konnte, da spürte ich deutlich, dass es nicht die richtige Zeit dafür war. Also ließ ich es wieder los. Das Gute an dieser Erkenntnis war aber, dass ich mich von diesem Zeitpunkt an nicht mehr mit meiner Sehnsucht quälen musste. Ich wusste, sobald ich bereit bin, würde sich von selbst alles fügen oder ich könnte mich dann immer noch neu entscheiden.

Lassen Sie diese Ermächtigung noch eine Weile in sich wirken. Sie werden spüren, wie viel selbstbewusster Sie werden, wenn Sie sich nicht mehr klein machen und den Bittsteller spielen müssen. Sie sind wieder der Chef in Ihrem Leben, Sie sind der Entscheidungsträger. Schauen Sie, was in Ihrem Leben in der nächsten Zeit geschieht, wenn Sie diese Haltung des Ermächtigtseins kultivieren.

Arbeit oder Spiel?

In den Verhandlungen mit einem anderen Unternehmer stecke ich fest. Immer geht es hin und her, aber wir kommen zu keinem Abschluss. Das alles kostet viel Zeit und ist ein großer Aufwand, weshalb ich beschließe, die Situation einmal von einer anderen Warte aus zu sehen. Also wende ich die Quantenbühnen-Technik an. Als sich der Vorhang öffnet, sehe ich mich und den Unternehmer an einem Pokertisch sitzen.

Ich schaue, was geschieht: Er zeigt mal jene Karte, mal eine andere, aber nie sein Blatt. Ich sehe, dass ihm das Spiel sehr viel Spaß zu machen scheint. Nun lege ich die Karten einfach auf den Tisch und sage: Und was ist jetzt? Kommen wir zu einem Ergebnis? Als ich sehe, dass er sein Spiel weiterspielen will, anstatt auch seine Karten auf den Tisch zu legen, stehe ich einfach vom Tisch auf und gehe.

Nun ist mir klar: Selbst wenn ich ein gutes Produkt liefere, wird auch um die Rechnung „gepokert" werden, es wird Beanstandungen geben etc. Vermutlich verliere ich darüber so viel Zeit und Energie, dass sich der Gewinn, den ich mit diesem Geschäft erzielen würde, derart mindert, dass es sich kaum noch lohnt. Ich beschließe, das Geschäft sausen zu lassen, obwohl es vielversprechend wirkt. Ich stehe also nicht nur sinnbildlich vom Pokertisch auf und widme mich einem anderen Spiel, das mir besser gefällt.

Dass Arbeit ein Wort ist, das nicht unbedingt die schönsten Assoziationen weckt, zeigt nicht zuletzt das Wort „Beziehungsarbeit", bei dem es so manchem Partner zu Recht graust, wenn statt der x-ten Diskussion vielleicht einfach angesagt wäre, loszulassen und Eis essen zu gehen und das Leben gemeinsam zu genießen. Arbeit klingt nach Pflicht, nach Zwang, nach Notwendigkeit.

Meistens löst dies alles ein Gefühl von Kampf aus, einen Kampf gegen Armut, den Verlust der Arbeit, gegen niedrigeres Gehalt, gegen Überstunden, und es ist auch in Ordnung, all dies nicht zu wollen. Dann aber ist angesagt, sich darüber klarzuwerden, was man denn eigentlich will. Dies ist viel schwieriger, denn was man nicht will, liegt meist auf der Hand: das, was jetzt gerade ist oder einem droht, das möchte man verhindern. Ein solcher Kampf ist anstrengend, und immer hat man den Abgrund, den Abstieg im Blick. Es ist zwar sinnvoll, sich Existenzängste bewusst zu machen und wahrzunehmen, dass man etwas fürchtet. Doch ändern Sie auch hier einmal kurz die Sichtweise: weg von dem, was Sie nicht wollen, zu dem, was Sie wollen. Sie wollten bisher vielleicht weniger Überstunden machen. Doch wozu wollen Sie diese Überstunden heruntersetzen? Zum Beispiel, um mehr Zeit für Ihre Familie zu haben. Also ist dies der Wunschzustand. Richten Sie sich lieber auf diesen Wunsch aus und setzen Sie diese Absicht in die Welt, als länger mit den Überstunden zu hadern. Sicherlich können Sie etwas DAGEGEN tun, doch es fühlt sich leichter an, wenn Sie etwas FÜR etwas tun, nämlich zum Beispiel dafür, mehr Zeit mit Ihrer Familie zu haben. Der Unterschied liegt in der Verschiebung des Fokus: weg vom Kampf mit oder gegen etwas und hin zu einer Absicht, etwas Bestimmtes zu erreichen.

Übung: Pro statt Contra

Notieren Sie, was Sie nicht mehr wollen, in der linken Spalte. Machen Sie eine Liste, bevor Sie in die rechte Spalte übergehen. Wenn Sie links fertig sind, schreiben Sie zu jedem Punkt rechts das, was Sie eigentlich wollen.

Was ich NICHT möchte	*Was ich wirklich will*

Viele von uns leben so, als ginge es ums nackte Überleben. Und dies, obwohl wir in einem der reichsten Länder der Welt leben und unser System der Absicherung (immer noch) eines der besten ist. Dennoch werden wir medial bombardiert mit allen möglichen Nachrichten von steigenden Arbeitslosenzahlen, gefährdeten Arbeitsplätzen, und wir bemerken vielleicht ganz konkret im Bekanntenkreis eine verstärkte Angst vor der Zukunft. Und natürlich, es gibt all dies, worüber berichtet wird, auch wenn die Berichterstattung sicherlich auch selektiv ist (ich bin mir nicht sicher, ob sich gute Nachrichten gut verkaufen würden).

Wie also leben wir in dieser Welt, die sich augenscheinlich zu „verschlechtern“ scheint, ohne in Panik zu verfallen, ohne uns noch mehr zu versteifen und nach jedem scheinbar rettenden Strohhalm zu greifen?

„Das ganze Leben ist ein Spiel“ – so heißt es in einem Schlager. Das Konzept, das alles ein Spiel ist, habe ich bei verschiedenen spirituellen Lehrern gefunden. Und es ist nicht so oberflächlich gemeint, wie es vielleicht beim ersten Hören klingt, ganz nach dem Motto: „Mach dich einfach locker, das wird schon.“

Das eine ist die Veränderung der Sichtweise. Es geht also weniger darum, ein Problem zu erkennen und nach einer Lösung zu suchen – was ja an sich auch keine schlechte Vorgehensweise ist –, sondern es geht darum, mit dem, was sich zeigt, spielerisch umzugehen und dann zu schauen, wie es weitergeht. Eine eher beobachtende, abwartende, verspielte Art, die Dinge anzugehen, macht vieles leichter. Zum Beispiel sind Rückschläge dann eher so, als würde man beim „Mensch ärgere dich nicht“-Spiel eine Spielfigur wieder zurück an die Ausgangsposition stellen müssen. Und beim nächsten Mal würfelt man zwei Sechsen hintereinander. Die Aufs und Abs des Lebens wirken eher wie Spielzüge, man erwürfelt sich mal mehr, mal weniger gute Zahlen, aber das Spiel ist immer in Bewegung, und die Wahrscheinlichkeiten bei jedem Wurf sind die gleichen.

Dennoch, wenn wir in der Matrix spielen, geben wir noch eine neue Dimension hinzu. Plötzlich sehen wir, dass es nicht nur das „Mensch ärgere dich nicht"-Spiel gibt, sondern auch andere Spiele, die uns vielleicht mehr Spaß machen, und auch Spiele, bei denen jeder gewinnt. Jetzt, wo wir die Auswahl haben, entscheiden wir uns vielleicht bewusst für ein Abenteuerspiel oder ein Puzzle, ganz nach Belieben.

Oder aber wir nehmen uns selbst als Spielfigur in einem kosmischen Spiel wahr, und plötzlich entdecken wir, dass wir auch ein wenig Einfluss auf das Spielfeld haben, in dem wir uns befinden. Wir entdecken, dass wir das Spielfeld und unsere Mitspieler verändern können – nicht immer so, wie wir uns das vorher gedacht haben, aber immer zum Guten. Meistens setzt die Matrix unsere Impulse sehr kreativ um: Die Ergebnisse sind nicht die, die wir uns vorgestellt haben, aber sie erstaunen und begeistern.

Und letztlich, so ist es auch mit der Arbeit. Es ist ein Spiel. Mittlerweile spiele ich das Selbstständigkeitsspiel: Es hat bestimmte Regeln (mehr Verkäufe = mehr Gewinn) und bestimmte Mitspieler (das Finanzamt, Kunden, Konkurrenten), bestimmte Strategien (Marketing, Werbung) und letzten Endes natürlich auch Gewinner und Verlierer – im Idealfall aber nur Gewinner (eine sogenannte Win-win-Situation). Wenn ich meine Selbstständigkeit als Spiel sehe und mich als Spieler mit den Karten in der Hand, habe ich sicherlich mehr Freude daran, etwas zu erreichen.

Und dann, wenn ich es möchte, dann spiele ich im Quantenfeld, was zur Folge hat, dass das Spielfeld sich verändert. So bleibt es interessant, aufregend, neu und im Fluss.

Um vor allem mit Energiemustern zu spielen, die den Arbeitsplatz betreffen, Mitarbeiter, Kollegen oder uns im Verhältnis zu unserer Arbeit, dient die Übung „Quantenbühne", die ich im Folgenden erkläre.

Übung: Quantenbühne

Vor allem bei Situationen, die mehrere Personen betreffen, größeren Projekten oder Zusammenhängen können Sie diese Technik verwenden, um sich wieder einen Überblick zu verschaffen.

Stellen Sie sich vor, Sie sitzen im Zuschauerraum eines Theaters. Das Licht ist gedimmt. Vor sich sehen Sie einen großen, roten Vorhang, der noch geschlossen ist. Sie legen nun fest, welche Situation Sie verändern möchten.

Dann sehen Sie auf den Vorhang. Er öffnet sich und gibt den Blick auf die hell erleuchtete Bühne frei. Dort spielt sich die Situation ab, sie zeigt sich vielleicht auch in Bildern, Symbolen, Menschen, Tieren oder Phantasiefiguren. Beobachten Sie das „Bühnenstück" eine Weile, und wenn Sie keine Veränderung beobachten, setzen Sie irgendwo zwei Punkte, die Sie über Ihr Herzfeld verbinden. Zum Beispiel einen Punkt links und einen rechts von der Bühne oder einen Punkt bei der Hauptfigur und einen außerhalb der Bühne im leeren Raum, in dem alles möglich ist.

Warten Sie ab und schauen Sie, was nun auf der Bühne geschieht. Vielleicht wird aus dem Drama doch noch eine Komödie.

Wenn der Vorhang sich schließt, ist die Transformation abgeschlossen.

Selbstwert

„Meinst du, wir haben das auch verdient?“, fragte mich ein früherer Partner in einem glücklichen Moment. Diese Frage spiegelte sowohl meine als auch seine Erlebnisstruktur. In einem leistungsorientierten Elternhaus aufgewachsen, durfte man immer erst dann entspannen und genießen, wenn man Ergebnisse vorzuweisen hatte. Wir übernahmen das Gefühl, man dürfe nicht einfach so glücklich sein und sich Gutes tun. Nach einem Wochenende voller Liebe hatten wir fast ein schlechtes Gewissen. Zum Glück beschlossen wir damals, dass wir das alles sehr wohl verdient hätten und dass Liebe nichts mit Leistung zu tun hat. Aber gilt dies auch für das ganze Leben? Und auch für den Beruf?

Guten Gewissens sich selbst etwas Gutes tun, ohne etwas geleistet zu haben? Dürfen wir das? Oder sind wir nur das wert, was wir erwirtschaftet haben oder für andere getan haben, für die Familie, die Gesellschaft? Dass wir einfach nur sein dürfen und es uns dabei auch noch verdammt gut gehen darf, ist ein Gedanke, der manchem vielleicht erst nach dem Burn-out kommt. Uns beschleicht die Angst, wenn wir uns nicht fordern würden und uns erst nach getaner Arbeit belohnen, würde uns der Leistungswillen abhanden kommen – und das berufliche und gesellschaftliche Aus würde nahen.

Was bedeutet das im Umkehrschluss? Wir würden also die ganze Arbeit nicht machen, wenn wir uns nicht hinterher belohnten? Also ist die Arbeit selbst nicht Belohnung an sich? Hier ist der nächste Ansatzpunkt: Wenn wir uns so sehr zwingen müssen, ist es dann wirklich das Richtige für uns? Oder gehört die Mühsal zum Leben?

Aber, so fragt man sich vielleicht: Wenn es leicht ist, wird es dann nicht langweilig? Aber sind ein angenehmer Tag im Sonnenschein, mit einem geliebten Menschen an der Seite, ein nettes Dinner, eine heiße Liebesnacht – all das ohne Probleme – wirklich langweilig? Reden wir uns nicht vielmehr ein, wir bräuchten den Stress? Sicherlich, es gibt angenehmen Stress, der ausgelöst wird, wenn wir auf gesunde Weise gefordert sind, wenn wir uns herausgefordert fühlen durch Aufgaben, die uns Freude machen. Ein Mechaniker, der am eigenen Auto tüftelt, hat sicherlich eine positive Art von Stress, der ihm hilft, es auf völlig neue, geniale Weise umzubasteln. Der Stress in der Werkstatt, wenn er auf Weisung des Chefs lieber schnell als gründlich arbeiten soll, ist damit nicht zu vergleichen. Und Sie als Kunde? Würden Sie ihr Auto lieber zu einem gestressten Menschen bringen oder zu jemandem, der die Reparatur als eine mechanische Knobelei empfindet? Wie viel Spaß darf sein?

Aber wenn wir ihn haben, den Spaß an der Sache, werden wir dann vielleicht verantwortungslos? Oder macht es dann erst richtig Freude, selbst für das Ergebnis einzustehen, weil es unser Werk ist, das wir vollbracht haben, und das auch noch mit Freude und Abenteuerlust?

Und der nächste Einwand: Wenn ich Spaß habe, kann ich mich nicht konzentrieren. Doch das ist ein Ammenmärchen, das wir uns immer wieder erzählen: Haben Sie schon einmal ein Kind beobachtet, das in seiner eigenen Welt verschwindet, während es etwa mit Lego-Steinen baut? Besonders intelligenten Kindern wird nachgesagt, dass sie oft wie versunken sind, während sie ihre verzwickten Aufgaben lösen. Konzentration hat viel mit Freude und wenig mit Zwang zu tun. Konzentration bedeutet auch, im Hier und Jetzt zu sein, und je mehr man dies genießt, desto einfacher ist es.

Genauso gibt es die Mär, man müsse sich alles im Leben erst verdienen. Als würde man von einem Säugling verlangen, dass er erst dreimal lächelt, bevor er endlich an die Brust darf. Fragen

Sie es sich einmal ganz ehrlich: Sind Sie es sich wert, sich zu erlauben, dass Ihre Arbeit Ihnen Freude macht? Dürfen Sie das genießen?

Wie gehen Sie mit sich selbst um? Gönnen Sie sich wenigstens einen Hauch Luxus in Ihrem Alltag? Und sei es nur ein Stück exotisches Obst, das Sie lieben, oder ein gut duftendes, etwas teureres Shampoo, wenn Sie noch nicht viel Geld zur Verfügung haben. Es sind Kleinigkeiten, die viel ausmachen. Behandeln Sie sich selbst so, wie Sie es sich von anderen Menschen wünschen. Kaufen Sie sich Blumen und schmücken Sie Ihr Arbeitszimmer. Lassen Sie es sich auch bei der Arbeit gutgehen.

„Such dir eine Arbeit, die du gerne tust. Dann brauchst du keinen Tag in deinem Leben mehr zu schuften." (Konfuzius, chinesischer Philosoph, 551–479 v. Chr.)

Übung: Der Luxus der Woche

Gönnen Sie sich in dieser Woche etwas Luxus. Buchen Sie eine Massage, gehen Sie mit einem netten Menschen ins Theater oder führen Sie einen Hund aus dem Tierheim aus – was immer Ihnen Spaß macht (basteln, Wohnung schmücken, Brettspiele ...). Tun Sie es noch diese Woche. Tragen Sie es gleich in Ihren Kalender ein.

Übung: Der Selbstwert-Regler

Genauso wie Reichtums-Regler (siehe Kapitel Blockaden und Mangelgefühle*) können Sie auch einen Selbstwert-Regler installieren, mit dem Sie täglich Ihren Selbstwert nach oben regeln können. Tun Sie dies für eine Weile und beobachten Sie, was sich verändert. Ein besseres Selbstwertgefühl sorgt immer* *auch für mehr Geld in Ihrer Kasse, da Sie automatisch im Beruf erfolgreicher werden, wenn Sie sich gut darstellen und dabei auch noch authentisch sind. Auch fällt es Ihnen leichter zu verhandeln, weil Sie nicht mehr so viel Angst davor haben zu versagen (und dadurch weniger wert zu sein).*

Erlauben Sie sich einfach zu sein, ganz egal, was Sie geleistet haben oder nicht. Sobald Sie sich nicht mehr abhängig machen von dem, was Sie erreicht haben oder nicht, sind Sie viel entspannter – und fühlen sich erfolgreich im „Sein". Also ich finde, das ist auch eine Leistung, einfach man selbst zu sein und dazu zu stehen.

Wenn Sie diese Übung in Ihre 21-Tage-Programm (siehe Kapitel Das Programm für die große Veränderung*) aufnehmen möchten, ist es sicherlich auch interessant zu schauen, wie sich die Erhöhung Ihres Selbstwerts auf Ihren Erfolg oder Ihr Erleben von Fülle auswirkt.*

Der Wert der Arbeit

In der kleinen Stadt, in der ich einmal lebte, gab es zwei Papierwarenläden. Einer war groß, sehr gut ausgestattet und in guter Lage. Fast niemand kaufte dort ein. Fast alle besorgten sich die Schreibwaren im Supermarkt um die Ecke oder gingen ein ganzes Stück weiter, um im kleinen Schreibwarenlädchen einzukaufen, wo man häufig nicht vorrätige Dinge bestellen musste. Offensichtlich nahmen die Kunden dies in Kauf. Ich selbst ertappte mich dabei, dass ich mich fragte, warum ich denn nicht einfach in das gut sortierte Geschäft ging und mir dort kaufte, was ich brauchte. Ich hatte nur ein einziges Mal den Laden betreten, war auch einer netten Verkäuferin begegnet, die im ansonsten menschenleeren Geschäft stand, und hatte wieder umgedreht.

Später lernte ich eine Frau kennen, die für kurze Zeit dort gearbeitet hatte. Eine gute Chance, einmal nachzufragen. Ich berichtete ihr von meinen Beobachtungen und sie erzählte mir das Folgende: Sie selbst war nur wenige Wochen dort tätig gewesen, weil der Chef dort so schlecht mit den Mitarbeitern umging, sie zum Beispiel vor den Kunden herabsetzte, dass sie bald wieder kündigte, weil sie sich dies nicht antun wollte. Sie sagte, schon das Geschäft zu betreten, sei für die Mitarbeiter morgens eine Qual gewesen, man habe nie gewusst, wen es heute treffe, und auch sei häufig mit Kündigung gedroht worden. Am Ende war jeder froh, der ging. Vermutlich hatte sich diese Stimmung, dieses Unterdruckgesetztwerden, auf das Geschäft übertragen. Man spürte schon beim Betreten des Ladens, dass dort etwas nicht in Ordnung war, und ging lieber wieder hinaus.

Mitarbeiter sind nicht die Menschen, die nur auf eine Gelegenheit warten, heimlich Kopien zu machen oder im Internet zu surfen. Es sind die Menschen, die Ihren Gewinn erwirtschaften. Je besser sie sich fühlen, umso besser ist die Atmosphäre im Hause, und dies ist unbewusst für den Kunden spürbar. Natürlich sollen Sie sich als Arbeitgeber nicht bestehlen lassen, das ist damit nicht gemeint. Doch fragen Sie sich, wie Sie es erreichen könnten, dass Ihre Mitarbeiter loyal zum Unternehmen stehen.

Und wenn Sie selbst Mitarbeiter sind, was ist Ihr Ziel? Interessiert Sie das Fortkommen des Unternehmens, das Sie nährt? Wenn Sie nicht dahinterstehen können, warum suchen Sie sich nichts, was Ihnen Freude macht und wo Sie Ihre Werte und Anschauungen ausleben können? Sonst ist es ja so, als würden Sie als Vegetarier in einer Metzgerei arbeiten.

Auch gilt, dass Sie, wenn Sie Ihren Mitarbeitern nur einen Hungerlohn bezahlen, sich nicht wundern müssen, wenn diese eine Arbeit verrichten, die genau diesen Lohn wert ist – und nicht mehr. Das ist auch das Manko bei den sogenannten Ein-Euro-Jobs. Diese erniedrigende Bezeichnung (die aussagt: „deine Arbeitszeit ist gerade mal einen Euro wert") sorgt dafür, dass diejenigen, die zu einer solchen Aufgabe verpflichtet werden, sich abgewertet fühlen. Und es ist auch häufig von Anfang an klar, dass es hier keine Perspektive gibt, dass nach dem Ein-Euro-Job eben keine Anstellung wartet.[13] Man hätte die Jobs, für die Hartz-IV-Empfänger eine Entschädigung von circa 170 Euro im Monat erhalten, nicht aber die eventuell entstehenden Fahrtkosten, die davon dann wieder abgezogen werden, auch anders nennen können, etwa 900-Euro-Jobs, wenn man alles zusammenrechnet, den Grundbetrag plus die Entschädigung. Bei 30 Stunden Arbeit in der Woche ergäbe das zumindest einen Stundenlohn von circa 7,50 Euro – einem würdigeren Entgelt für die Zeit und Kraft eines Menschen, sei er auch noch so wenig qualifiziert oder ausgebildet.

Mit der Bezeichnung Ein-Euro-Jobber werden meiner Ansicht nach die Menschen, die aus der Leistungsgesellschaft herausfallen, gedemütigt, und dies führt zu noch größerer Angst bei den Menschen, die noch Arbeit haben. Der soziale Abstieg scheint bei Arbeitslosigkeit schon fast vorprogrammiert. Mit den Arbeitslosen werden die Menschen beschuldigt, unserem Land zu schaden, die noch am wenigsten dafür können, Hilfsarbeiter mit Familie, Kranke, Akademiker, die das falsche Fach studiert haben, alleinerziehende Mütter, seelisch Geschädigte, die ihre Traumatisierungen nicht bewältigt bekommen und durch Alkoholismus oder psychische Krankheit die Gesellschaft Geld kosten – angesichts von immer weniger Jugendhäusern und immer mehr geschlossenen Frauenhäusern kein Wunder, wenn auch die kommende Generation ihre Familiengeschichte nicht bewältigen kann und für die Marktwirtschaft untauglich ist.

Die Frage ist doch die, ob unsere Gesellschaft die Menschen, die es nicht „schaffen" oder für die einfach nicht genügend Stellen da sind, nicht mittragen kann, ohne sie zum Sündenbock zu machen. Sind wir nicht verpflichtet zu teilen mit Schwächeren, auch wenn es manchmal so wirkt, als geschehe es ihnen recht, und als sei es kein Wunder und selbstverschuldet? Es ist nämlich in den meisten Fällen nicht so. Und selbst, wenn es diese Arbeitslosen wirklich gibt, die nicht arbeiten wollen – ich selbst glaube eher an den Yeti –, können wir uns diese wenigen angesichts von so wenigen freien Stellen nicht leisten? Oder machen sie uns so wütend, weil wir im Grunde unseres Herzens neidisch sind, weil sie so frei zu sein scheinen, weil sie sich nehmen dürfen, was ihnen zusteht, einfach nur, weil sie ein Mensch sind? Mir ist oft aufgefallen, dass diejenigen am meisten gegen Arbeitslose wetterten, die mit ihrer Arbeit am wenigsten zufrieden sind oder so kaputtgearbeitet, dass sie kurz vorm Herzinfarkt stehen. Dass gerade diese Menschen durch das Ableisten von Überstunden die Schaffung einer notwendigen weiteren Stelle verhindern, ist ein Nebeneffekt. Ich denke, letztlich möchte jeder Mensch auf seine Weise zur Gemeinschaft beitragen. Dass wir uns abrackern müssen, um zu überleben, haben wir gelernt. Wir haben gelernt, auszuhalten, anstatt uns nach etwas umzusehen, denn wir glauben, das würde es nicht geben. Aber vielleicht geht es ja doch anders!

Übung: Der Arbeitsplatz der Träume

Schließen Sie die Augen und stellen Sie sich vor, Sie sind jetzt an Ihrem Traumarbeitsplatz[14]. Noch wissen Sie nicht, wie er aussieht, aber Sie haben ein deutliches Gefühl davon, wie er sich anfühlt. Sind Sie motiviert, entspannt, voll freudiger Erwartung? Dann kann es ja losgehen. Stellen Sie sich vor, Sie öffnen Ihre Augen (aber tun Sie dies nicht wirklich, sondern öffnen Sie sozusagen Ihr inneres Auge). Schauen Sie vor sich. Ist dort ein Schreibtisch, ein Fenster mit Aussicht, ein Blumenbeet, ein Krankenbett? Sind Sie draußen im Freien, fühlen Sie Sonnenstrahlen auf Ihrem Gesicht? Oder sind Sie drinnen, wie sieht der Raum aus? Groß oder gemütlich klein? Sind dort andere Menschen? Sind dies Mitarbeiter, Angestellte von Ihnen, sind Sie Chef oder Arbeitnehmer, sind Kunden oder Patienten da? Fühlen Sie Ihre Hand, was halten Sie in Ihrer Hand? Einen Stift, einen Taschenrechner, die Hand eines anderen Menschen, einen Schlüssel zu einem Tresor? Was tun Sie? Und wo sind Sie? Lassen Sie alles auf sich wirken. Fühlen Sie, wie es Ihnen an diesem Arbeitsplatz geht, sind Sie glücklich? Erfüllt Sie diese Tätigkeit? Was bewirken Sie mit Ihrer Arbeit? Wo im Körper spüren Sie dies alles?

Und zuletzt das Wichtigste: Es ist schon geschehen. Stellen Sie sich vor, ja, seien Sie sich sicher, dass dies schon so geschehen ist. Sie sind schon an diesem Arbeitsplatz. Wie fühlt es sich jetzt an? Wie eine Selbstverständlichkeit? Sie sind schon die letzten Tage an diesem Arbeitsplatz gewesen und heute gerne wieder da? Genau so ist es.

Mit dem Wissen, dass es schon so ist, lassen Sie das Bild und die Empfindungen wieder gehen und öffnen die Augen. Leben Sie einfach weiter, die Veränderung hat bereits begonnen.

Geldfluss oder Ströme der Fülle?

Geld. Ich halte Scheine und Münzen in der Hand und fühle in mich hinein. Was spüre ich? Fühle ich mich wohl? Habe ich Angst, es auszugeben? Will ich es behalten? Ist es zu wenig? Hat es überhaupt einen Wert?

Finde ich es eigentlich sympathisch? Oder ist es für mich eine kalte, harte Währung, die ich am liebsten loswäre? Die mich krank macht, auf die ich mich fixiert habe?

Ja, was ist eigentlich mit diesem merkwürdigen Gegenstand Geld? Oder ist das, was ich in der Hand halte, nicht viel eher eine Manifestation von Energie? Aber von welcher?

In vielen Büchern über Erfolg, Reichtum und Fülle aus dem spirituellen Bereich wird geraten, man solle sich seine Glaubenssätze verdeutlichen, die man in Bezug auf Geld und Reichtum hat. Ganz nach dem Motto: „Wer reich ist, ist arrogant und findet keine Freunde." Oder „Wenn ich erfolgreicher bin als mein Vater, liebt er mich nicht mehr." Oder andersherum: „Ich muss unbedingt erfolgreich sein, sonst werde ich nie eine Frau finden, die mich akzeptiert."

Wie ich im Kapitel über die Glaubenssätze schon geschrieben habe, halte ich die Auseinandersetzung mit Gedanken nicht für übermäßig effizient. Sie kommen nicht zum Kern der Sache, sie beschreiben einfach zu wenig, sie sind zu wandlungsfähig, um uns wirklich zu zeigen, was uns bewegt und was wir im tiefsten Inneren glauben. Oft halten wir bestimmte Gedanken hoch, um uns nicht einzugestehen, dass wir eigentlich etwas anderes verinnerlicht haben. Wir erzählen uns Geschichten über uns selbst, die nicht wahr sind und die unseren Schmerz oder unsere Angst verschleiern sollen.

Da also Gedanken generell nicht zu trauen ist, können wir uns unserer Haltung zu Geld auf andere Weise nähern. Und wir können Geld an sich, als Geld-Energie sozusagen, kennenlernen. Dies wird im Laufe dieses Kapitels geschehen.

Doch erst sollten wir nochmals den Blickwinkel verändern. Lassen Sie diesen Satz auf sich wirken: Geld an sich ist ohne Bedeutung. Es ist vielmehr, wie Karma Singh schreibt, ein „Tauschmittel". Es geht immer darum, wofür es eigentlich steht.[15] Denn wichtiger als der Wunsch, Geld zu erhalten, ist der Wunsch, im Besitz von „genügend" Geld zu sein, um etwas Bestimmtes tun zu können. Was wir eigentlich anstreben, ist vermutlich das Gefühl von Sicherheit, Macht (im positiven Sinne), Freiheit und so weiter. Der sich selbst als „Neuer Reicher" bezeichnende Unternehmer Timothy Ferriss beschreibt es so: „Die Menschen träumen [...] eigentlich nicht davon, eine Million Euro auf dem Konto zu haben. Sie träumen vielmehr von einem völlig freien Leben, das dieses Geld ihnen ermöglichen soll."[16] Es geht also um den Wunsch, der hinter dem Wunsch steht, Geld zu besitzen. Dies kann Freiheit sein, aber auch etwas anderes.

Doch wie viele materiell reiche Menschen erfahren mussten, macht Geld an sich eben doch nicht glücklich, denn hat man erst einmal einen höheren Lebensstandard, meint man, ihn halten und verteidigen zu müssen. So war es für mich als Arbeitslose, die auch wunderschöne Zeiten in dieser „Armut" verlebte, völlig verblüffend, als mir jemand völlig besorgt berichtete, er habe wegen einer Flaute in der Auftragslage sein angelegtes Festgeld „auftauen" müssen, um eine Weile lang zu überbrücken. Ich fragte, wie viel Geld er denn angelegt hatte. Er antwortete, 100 000 Euro, aber die spare er für eine Eigentumswohnung, er wolle später Frau und Kinder. Das vorübergehende Antauen des Festgeldbetrags (welch ein Reichtum, diese 100 000 Euro!) stürzte diesen Menschen in eine tiefe Krise. Am Ende war das wirtschaftliche Tief nach einem halben Jahr überwunden, dann wurde volle Betrag wieder „eingefroren“. Eine Frau oder gar Kinder sind noch lange nicht in Sicht, und dieses Ereignis ist bereits sechs oder sieben Jahre her. Das Geld liegt vermutlich noch auf der Bank bis zum Sanktnimmerleinstag.

Man kann also 100 000 Euro auf der hohen Kante haben und todunglücklich sein. Ich, die ich manchmal vor der Bank wartete, bis um zwölf Uhr etwas Geld auf mein Konto gebucht war, um mir etwas zu essen kaufen zu können, empfand dies damals als unglaublich.

Doch ich konnte mich noch daran erinnern, wie es war, Geld zu besitzen und mir keine Sorgen zu machen. Denn auch diese Zeiten hatte ich kennengelernt. Und ich wusste, dass ich damals noch ein anderes Vertrauen in den Geldfluss hatte. Ich gab es aus, verlieh es, investierte – und es floss immer nach. Es war manchmal ganz verrückt. Es gab auch kleinere Krisensituationen, aber die wurden schnell wieder wettgemacht. Alles in allem ein gutes, sicheres Gefühl. Doch ich hatte Armut und Mangel vorher noch gar nicht kennengelernt, es hatte noch keine Spuren in mir hinterlassen. Und meine spirituelle Arroganz ärmeren Menschen gegenüber – ganz nach dem Motto: „Kein Wunder, dass es denen so geht, bei den Mangelgefühlen, die sie erzeugen“ – wandelte sich während meiner Arbeitslosigkeit zu Mitgefühl. Es war mir im Nachhinein eine große Lehre. Denn es ist nicht einfach, mit knurrendem Magen ein Gefühl der Fülle zu empfinden. Es ist unangenehm, mit Freunden nicht ausgehen zu wollen, weil man mit den ein oder zwei Getränken, die man sich leisten kann, keinen ganzen Abend bestreiten möchte (so ändern sich bei Arbeitslosigkeit manchmal die sozialen Kontakte, auch aus Scham, finanziell nicht „mithalten“ zu können). Erst später fand ich heraus, dass ich Fülle mit sehr wenig Geld kultivieren konnte, dass auch Luxus im Kleinen das Gefühl des Reichseins erzeugen kann.

Ganz allgemein scheint Geld das Sinnbild für Sicherheit, Schutz und Anerkennung zu sein. Und gleichzeitig – das ist das Paradoxe – lehnen viele Menschen innerlich das so dringend benötigte Geld ab. Denn interessanterweise haben viele Menschen keinen Widerstand gegen Fülle und Überfluss, sondern gegen Geld. Deshalb kann es für manche Menschen sinnvoll sein, nicht Geld zu manifestieren, sondern direkt das, was sie damit erwerben oder tun möchten. Karma Singh schreibt hierzu: „Nun, Wohlstand und Überfluß sind nicht wirklich nur Geld, oder? Es geht dabei vielleicht um die Dinge, die Sie mit Geld erwerben können, doch in Wahrheit ist das Geld nur eine Möglichkeit, die materiellen Dinge zu erhalten, die Sie sich wünschen, nicht wahr?“[17] Und ganz praktisch schlägt der Autor im Weiteren für die Manifestationen vor: „Geld ist lediglich einer der möglichen Wege, über die eine Lieferung ausgeführt werden kann. Warum also den Lieferweg über einen Umweg bestimmen, anstatt die Dinge, die Sie haben möchten, direkt zu bestellen und es dem Universum zu überlassen, auf welchem Wege die ‚Auslieferung‘ erfolgt.“[18]

Anstatt lediglich eine gewisse Summe Geld „herbeizaubern“ zu wollen, könnten Sie sich fragen, was Sie damit tun oder wohinein sie es investieren möchten. Vielleicht möchten Sie einen Teil des Geldes für gemeinnützige Zwecke spenden, damit Ihnen wohler mit Ihrem Reichtum ist. Manche Menschen haben Schuldgefühle, wenn sie mehr besitzen als andere, und diesen Menschen kann die feste Absicht zu spenden helfen, sich mit Geld wohlzufühlen. Denn wenn Sie es besitzen, können Sie entscheiden, wofür es eingesetzt wird. Sie können mit Geld die Welt ein wenig schöner machen.

Oder Sie wollen einen lang gehegten Traum verwirklichen? Dann fragen Sie sich, ob Sie ihn nicht auch jetzt schon in kleinen Schritten angehen können, ihn in kleinerem Format realisieren, um einen Vorgeschmack zu erhalten auf das große Abenteuer. Vielleicht aber haben Sie noch Vorbehalte, Ängste und Blockaden in Bezug auf Ihren Lebenstraum. Lösen Sie diese zuerst, um dann auch mehr Fülle zuzulassen. Denn es kann sein, dass Sie den Geldfluss blockieren, um all diese inneren Konflikte nicht zu spüren. Denn dies kann auch ein Grund sein, wenig Geld zu haben: nicht entscheiden zu müssen, was man wirklich im Leben tun möchte. Wenn die Gelegenheit dazu da ist, wird ein solcher innerer Konflikt erst richtig fühlbar. Wenn Sie ihn vorher gelöst haben, können Sie im richtigen Moment einfach loslegen und Ihren Reichtum einsetzen, um sich dieses Leben so erfüllend wie nur möglich zu gestalten.

Oder wie wäre es, wenn Sie es andersherum machten: Sie stellen sich nicht vor, Sie hätten das Geld, sondern Sie erleben jetzt, wie es ist, bereits das zu tun oder zu besitzen, was Sie möchten. So sind Sie unabhängig vom Geld, aber Ihr Wunsch ist dennoch erfüllt.

Können Sie sich selbst immer wieder dieses Gefühl kreieren, diesen Zustand des Bereits-Erfülltseins? Auf diese Weise manifestieren Sie das Gewünschte aus dem Gefühl heraus. Achten Sie wieder auf Ihr Herzzentrum. Wie fühlt es sich dort an? Spüren Sie, dass jetzt schon da ist, was Sie sich ersehnen. Und so wird das Quantenuniversum diesem Gefühl folgen und realisieren, was Sie ihm vorgegeben haben.

Eine Annäherung an die Energie des Geldes und an die Realisierung Ihrer Wünsche ohne den Umweg über das Geld können Sie in den folgenden Übungen erleben.

Übung: Das Geld und ich

Nehmen Sie ein Blatt Papier und schreiben Sie entweder das Wort „Geld" oder „Fülle" darauf oder malen Sie einen großen Geldschein, Münzen oder sonst etwas darauf, das dies für Sie repräsentiert. Legen Sie das Blatt auf den Boden oder auf einen Stuhl.

Dann stellen oder setzen Sie sich darauf. Sie setzen sich also in das Energiefeld des Geldes. Schließen Sie die Augen. Sie sind jetzt das Geld. Spüren Sie jetzt die Kraft, die es hat, die Macht, das Fließen. Geld fließt, es ist wie ein ruhiger, stetiger Fluss, der niemals stillsteht. Und an manchen Seitenarmen des Flusses versickert es, an gestauten Teilen versumpft es manchmal, doch im Großen und Ganzen ist es permanent in einer langsamen Bewegung.

Wenn Sie jetzt dieses Geld oder diese Fülle sind, dann fragen Sie sich, ob Sie als Geld oder Fülle auch zu sich selbst fließen möchten. Fragen Sie sich: Will ich zu XY? Warum oder warum nicht? Bin ich willkommen? Wie verhält sich XY zu mir als Geld/Fülle?

Dies können Sie auch in einer Partnerübung machen. Legen Sie ein weiteres Blatt mit Ihrem Namen hin und bitten Sie einen Freund, dort Sie zu repräsentieren. Auf diese Weise können Sie herausfinden, welche Art von Beziehung Sie zu Geld/Fülle haben. Ich habe dies in Bezug auf verschiedene Geldflüsse durchgeführt und festgestellt, dass das Geld zu mir wollte, ich aber meinte, dass mir das alles zu viel wäre. Ich wies es regelrecht ab, als wäre es ein Verehrer, den ich nicht erhören wollte. Eine Freundin, die mich spielte, drehte mir den Rücken zu, und ich – als das Geld – wusste nicht, wohin mit mir.

Wir setzten gleich zwei Punkte auf das Thema, verschränkten sie über das Herzfeld und ließen los. Nach einigen Wochen überprüften wir mein Verhältnis zu Geld, und es hatte sich schon einiges getan.

Sie können auch „Geld" oder „Fülle" auf ein Papier schreiben und dann verschiedene Projekte oder Besitztümer auf andere Blätter. Derjenige, der das

Geld oder die Fülle verkörpert, stellt sich auf das Geld/Fülle-Papier und versucht zu erspüren, wohin er sich am meisten hingezogen fühlt. Man kann die Projektblätter auch verdeckt hinlegen, damit derjenige, der das Geld bzw. die Fülle verkörpert, nicht voreingenommen ist, sondern frei spüren kann. Er kann sich als Geld/Fülle auf die verschiedenen Projektblätter stellen und fühlen, ob er da sein möchte.

Vielleicht sind Sie überrascht, was bei alldem herauskommt.

Übung: Die 5-Millionen-Dollar-Frage

Beantworten Sie die nächsten Fragen, ohne viel darüber nachzudenken. Lesen Sie bitte erst weiter, wenn Sie die Antworten aufgeschrieben haben.

Und hier die Fragen: Was würden Sie tun, wenn Sie 5 Millionen Dollar besitzen würden? Wie würde Ihr Tagesablauf aussehen? Was würden Sie tun?

____

____

____

____

Und weil Ihnen das vielleicht jetzt sehr abgehoben vorkam und nicht auf Ihr Leben anwendbar, frage ich einmal weiter: Was davon könnten Sie jetzt schon verwirklichen? Angenommen, als Millionär möchten Sie gerne einfach nur reisen. Gibt es für Sie eine Möglichkeit, in der Reisebranche zu arbeiten? Oder Ihren Urlaub so zu legen, dass Sie längere Reisen planen können? Oder haben Sie eine ganz andere Idee?

Verwirklichen Sie das, was Sie als Millionär tun würden, in Teilen schon jetzt. Folgen Sie dem, was Sie fasziniert. Und verschieben Sie Ihre Träume nicht auf später. Denn verlagert in die Zukunft sind es erst einmal nur Luftschlösser. Doch heute ist der Tag, an dem Sie den Grundstein legen können für Ihren Lebenstraum. Und dann bauen Sie nach und nach Ihren Traum weiter aus, holen ihn in Ihr Leben, ruhig und sanft, manchmal auch in größeren Schritten, ganz wie es Ihnen beliebt.

Was würde ich als Millionär tun?	*Was davon geht jetzt schon?*

Übung: Ohne Geld geht auch

Da häufig hinter dem Wunsch nach Geld ein anderer Wunsch steht, zum Beispiel der nach Sicherheit, Anerkennung oder Abenteuer, möchte ich Ihnen mit dieser Übung einen Weg an der Geldblockade vorbei weisen.

Denn häufig machen wir uns nicht an die Verwirklichung eines Traums, weil wir glauben, wir bräuchten erst Geld dafür. Beantworten Sie einmal die folgenden Fragen und schauen Sie, ob in Bezug auf einige Ziele der Groschen fällt.

Wofür will ich Geld?	*Wie geht es ohne Geld?* *Was davon geht ohne Geld?*

Prüfungen, Bewerbungen, Vorstellungsgespräche und Praktika

Eine Freundin erzählt, sie hat Angst vor einer wichtigen Prüfung. Sie möchte aber nicht, dass ich sie pointe oder mit ihr „spiele", was ich natürlich respektiere. Sie fragt mich aber, ob ich den Raum für sie klären könnte.

Daraufhin werde ich mir meines Herzfelds gewahr. Ich sehe den Prüfungsraum vor mir und setze Punkt 1. Dann stelle ich mir einen lichten, schönen Prüfungsort vor, an dem meine Freundin sich wohlfühlt und konzentriert arbeiten kann. Ich setze Punkt 2, spüre die Verbindung der beiden Punkte in den beiden vorgestellen Prüfungsräumen und lasse los.

Nach der Prüfung berichtet sie, dass sich der Raum anders angefühlt habe als bei den vorigen Prüfungen, sie habe sich wohlgefühlt und die Aufgaben gut ausrechnen können. Zwei Wochen später erzählt sie, dass sie bestanden hat.

Das Gleiche gilt für Vorstellungsgespräche. Ist es Ihr eigenes Vorstellungsgespräch, bietet es sich an, in das Gefühl des Unbehagens, das sie beschleicht, wenn Sie daran denken, den Punkt 1 setzen, dann sich vorstellen, wie Sie sich in der Situation pudelwohl fühlen, beim zukünftigen Chef einen guten Eindruck machen und dann beim Abschied freudig den ersten Arbeitstag erwarten. Verbinden Sie beides über Ihr Herzfeld.

Wenn es allerdings nicht Ihr Job werden soll, fühlen Sie dies auch deutlich und können dann, wenn Sie die Zusage bekommen, immer noch absagen. Oder aber Sie überzeugen, aber der Job geht dennoch an jemanden, der besser geeignet zu sein scheint. Dann haben Sie ein weiteres Vorstellungsgespräch geübt und sind einer Anstellung „entkommen", die Sie vermutlich nicht glücklich gemacht hätte. Einer Freundin ist dies passiert. Sie bekam den gewünschten Job nicht, hatte aber später mit der Institution zu tun, lernte die Mitarbeiter kennen und meinte rückblickend: „Zum Glück bin ich nicht bei dem Saftladen gelandet."

Natürlich fühlt sich eine Absage erst einmal nicht allzu motivierend an, und die 20. Absage in Folge schon gar nicht. Überlegen Sie sich, ob Sie sich vielleicht wahllos bewerben, aber sich nicht im Klaren darüber sind, was Ihnen eigentlich Spaß macht.

Oder Sie haben sich vielleicht zu sehr auf einen Bereich festgelegt. Was können Sie noch? Was sind Ihre Hobbys? Was würden Sie gerne einmal ausprobieren – können Sie hier einmal hineinschnuppern? Es spricht nichts gegen ein Praktikum – wenn es nicht länger als zwei bis drei Wochen geht. Bitte arbeiten Sie nicht zu lange unentgeltlich – warum sollte man Sie bezahlen, wenn Sie es ohnehin kostenlos tun? Und überlegen Sie sich das Folgende: Wenn jemand nicht bereit ist zu bezahlen, dann würdigt derjenige Ihre Arbeit nicht – möchten Sie für einen solchen Menschen oder eine solche Firma dennoch arbeiten?

Das Gegenargument, man müsse jemanden länger erleben, um zu wissen, ob man ihn einstellen kann, zählt bei Praktika meiner Ansicht nach nicht. Denn immerhin beläuft sich die Probezeit bei Einstellungen auf ein halbes Jahr. Das sollte nun wirklich genügen.

Wenn das Unternehmen damit argumentiert, es sei nicht genügend Geld da, fragen Sie sich: Wollen wirklich Sie Ihre Zeit und Energie dazu einsetzen, dieses Unternehmen zu „retten"? Verzichtet Ihr Chef denn auch auf sein Gehalt?

Es ist immer Vorsicht geboten, wenn Sie unentgeltlich arbeiten sollen. Lassen Sie sich nicht hinhalten mit der Bekundung, Sie würden „irgendwann" eingestellt werden. Suchen Sie sich in dieser Zeit lieber ein Unternehmen, das Sie bezahlen kann und möchte. Ehrenamtliche Mitarbeit sollte man wirklich dort leisten, wo Menschen (oder Tiere, die Natur) in Not und bedürftig sind, nicht aber für ein Unternehmen, von dem noch nicht einmal Sie selbst profitieren.

Nehmen Sie also niemals mehrmonatige unbezahlte Praktika mit Aussicht auf Einstellung an – es sei denn, Sie kennen jemanden in der Firma, der bezeugt, dass dies wirklich so funktioniert. Denn ansonsten wird Ihre Arbeit nach Ablauf Ihres Praktikums nicht weiter von Ihnen, sondern vom nächsten Praktikanten verrichtet.

Sie sehen also, dass ich nicht möchte, dass Sie sich eine „positive rosa Brille" aufsetzen. Sich ausnutzen zu lassen, fördert nicht Ihr Selbstwertgefühl und erhöht auch nicht Ihren Wert auf dem Arbeitsmarkt. Ich kenne viele, die vor allem nach Beendigung ihres Studiums halbjährige Praktika machten, für die manchmal noch nicht einmal die Fahrtkosten erstattet wurden. Kein Einziger wurde danach dort eingestellt, wo er dies ableistete. Bei kürzeren oder bezahlten längeren Praktika war dies hingegen öfter der Fall.

Achten Sie auf sich. Ihre Arbeitskraft, Ihre Motivation, Ihre Kenntnisse sind etwas wert!

Deshalb möchte ich Ihnen an dieser Stelle eine Übung vorschlagen, die dem Herausfinden Ihrer ganz und gar einzigartigen Kenntnisse und Fähigkeiten dient. Diese können Sie dann in Ihre Bewerbungsunterlagen aufnehmen.

Übung: Best Mother GmbH und Rabbit AG

Stellen Sie sich vor, alles, was Sie tun, wäre eine Aufgabe innerhalb eines Unternehmens. Wenn Sie zum Beispiel Mutter von drei Kindern sind und gleichzeitig Vorsitzende des Kaninchenzüchtervereins, dann erstellen Sie zwei Listen (einmal für die „Best Mother

GmbH" und einmal für die „Rabbit AG"). Beantworten Sie in diesen Listen die Fragen: Was haben Sie gelernt? Was gelingt Ihnen gut?

Die Fähigkeiten und Kenntnisse, die Sie bei der „Best Mother GmbH" gelernt haben, könnten folgende sein: Koordination und Organisation von Tagesabläufen, Flexibilität, Herstellen von schmackhaften und gesunden Mahlzeiten für viele Esser innerhalb kürzester Zeit, Umgang mit Menschen und Behörden, Organisation und Durchführung von Events (Kindergeburtstage mit Ausflügen etc.) und vieles mehr. Dann kommt die Liste für die „Rabbit AG": Durchführung von Meetings, Catering, verantwortliche Leitung von Projekten (Zuchtwettbewerb, Ausstellung etc.) und so weiter.

Und jetzt Sie. Machen Sie Listen für Familie, Hobbys, Berufe, Reisen, alle Erfahrungen, die Ihnen in den Sinn kommen. Was haben Sie gelernt (Qualifikationen)? Was gelingt Ihnen gut (Kenntnisse, Fähigkeiten)?

Sehen Sie, was Sie neben dem Beruf noch so alles gelernt haben? Das alles sind Qualifikationen, die Sie als Person im Gesamten haben. Und niemand außer Ihnen hat genau dieses individuelle Bewerberprofil. Schreiben Sie alle Ihre Fertigkeiten in Ihre Bewerbung, wenn es zur Stelle passt. Zeigen Sie Ihr Können.

Auch wenn Sie eine Weile die 2-Punkt-Methode und das Spielen in der Matrix anwenden, werden Sie plötzlich merken, wie sich Ihre Haltung zu den Dingen verändert, wie Ihre Reaktionen auf Geschehnisse sich wandeln, wie mehr Gelassenheit in Ihren Alltag einkehrt. Situationen erscheinen nicht mehr so extrem zu sein, Alternativen und neue Möglichkeiten werden sichtbar. Sollte Ihnen gekündigt werden, so rate ich Ihnen keinesfalls davon ab, sich auf Stellen zu bewerben und alles zu tun, um sich wieder ein festes Einkommen zu sichern. Doch nutzen Sie die freie Zeit, um sich darüber klarzuwerden, was Sie möchten und ob es nicht eine Möglichkeit gibt, dies beruflich umzusetzen – oder wenigstens erst einmal als Hobby auszuüben. Sie können Bewerbungen schreiben und schauen, was sich ergibt. Sie können die Bewerbungen auch pointen, zum Beispiel wählen Sie einen Punkt am eigenen Körper, dann stellen Sie sich vor, wie Ihre Bewerbung im Unternehmen auf dem Schreibtisch liegt. Vielleicht sehen Sie dann, wie Ihre Mappe glänzt und strahlt, regelrecht herausleuchtet aus dem Stapel der angekommenen Bewerbungen. Setzen Sie dort Punkt 2, spüren Sie die Verbindung der beiden Punkte, lassen Sie los und widmen Sie sich anderen Dingen. Vielleicht kommen noch spontane Bilder, wie Ihre Bewerbungsmappe aufgeschlagen wird und jemand interessiert darin liest, vielleicht aber auch, dass Sie eine Absage erhalten, weil die Stelle nicht für Sie gedacht ist. Lassen Sie los, das Universum wird sich darum kümmern. Schreiben Sie die nächste Bewerbung, leben Sie weiter, es wird sich etwas ergeben. Manchmal schreibt jemand zwanzig Bewerbungen und lernt dann in einer Kneipe jemanden kennen, der eine freie Stelle zu vergeben hat. Dennoch war das Schreiben der Bewerbungen nicht umsonst. Man hat sich innerlich mit seinen Stärken beschäftigt, mit seinen Qualifikationen, man hat sich überlegt, wo man arbeiten könnte oder möchte, man hat Zeichen nach außen gesendet, dass man eine Stelle sucht.

Sollten Sie keine Resonanz bekommen, überlegen Sie, ob Sie nicht etwas Neues ausprobieren möchten, eine neue Branche, ein anderes Betätigungsfeld, vielleicht die Selbstständigkeit. Informieren Sie sich, aber machen Sie nichts, womit Sie sich nicht wohlfühlen. Suchen Sie sich spannende neue Aufgaben oder Tätigkeiten, die Sie erfüllen könnten. Auch das Arbeitsleben sollte Vergnügen bereiten, immerhin verbringen wir mindestens acht Stunden jeden Tag damit. Einer Tätigkeit nachzugehen, bei der man den Feierabend damit zubringt, dem Tag noch eine schöne Wendung zu geben, ist auf Dauer nicht beglückend. Tun Sie dies nur, wenn Sie wissen, wofür Sie dies tun, zum Beispiel, um einen Zeitraum zu überbrücken, bis etwas anderes gefunden ist. Aber suchen Sie auch weiter, halten Sie sich selbst nicht hin. Sie haben es verdient, den ganzen Tag in Freude zu verbringen.

Konkurrenz oder Vielfalt?

Eine Freundin erzählt mir, dass ihr Mann eine Praxis eröffnet hat, um eine bestimmte Tätigkeit auszuüben. Ich frage sie: „Aber im Nachbardorf gibt es doch schon jemanden, der genau dies in seiner Praxis anbietet."

„Ja", sagt sie, „der Inhaber dieser Praxis ist auch derjenige, der meinem Mann den Vorschlag gemacht hat."

„Aber hat er keine Angst vor Konkurrenz?", frage ich und staune.

„Nein", sagt meine Freundin. „Er sagte, die Tätigkeit würde meinem Mann sicherlich guttun, sie passe zu ihm. Und er glaubt, dass kein Klient, der zu ihm kommen soll, zu meinem Mann kommen wird, und andersherum. Er sagte, es werden ganz andere Menschen zu meinem Mann kommen als zu ihm."

„Wow, das ist aber mutig", entgegne ich.

„Ja, du, und das Verrückte ist, es stimmt. Zu meinem Mann kommen wirklich ganz andere Menschen als zu dem Inhaber der älteren Praxis. Ich habe ihn selbst gefragt, und er sagt, er hat genauso viele Klienten wie vorher."

„Das gibt es doch nicht", wundere ich mich, „woher hat er denn gewusst, dass es diesen Bedarf geben würde?"

„Das wusste er nicht", erklärt meine Freundin, „aber es war ihm nicht wichtig. Er ist der Ansicht, wenn jemand etwas aus dem Herzen heraus tut und ein anderer dasselbe, wird es sich zum Besten aller fügen. Und so ist es."

Mir blieb nur zu staunen und mein eigenes Verhältnis zur Konkurrenz einmal näher zu beleuchten.

Stellen Sie sich vor, Sie wären zum Beispiel ein Joghurt-Hersteller. Gerade haben Sie den Fruchtjoghurt erfunden, und schon ahmt jemand dies nach. Auf einmal gibt es überall Erdbeerjoghurt, und Sie bekommen Angst. Sie versuchen, den Joghurt zu patentieren, doch das geht nicht. Jeder darf Früchte in den Joghurt rühren. Sie schäumen vor Wut. Hätten Sie das Markenrecht inne, Sie könnten die Konkurrenz vom Markt klagen. Doch jetzt versuchen Sie es auch ohne rechtliche Maßnahmen. Sie verbringen viel Zeit damit, Ihren Joghurt mit dem des Gegners zu vergleichen. Sie versuchen, den Kunden klarzumachen, dass Ihr Joghurt der beste ist. Und Sie reiben sich mächtig auf.

Die Joghurthersteller untereinander sind immer mehr in verschiedene Lager gespalten. Industriespionage nimmt zu, man hetzt sich gegenseitig das Finanzamt und das Gesundheitsamt auf den Hals. Bald haben Sie alle Hände voll zu tun. Und dabei haben Sie eines vergessen: Ihr Joghurt ist einzigartig, die Mischung, in der Sie Erdbeeren, Joghurt und die sonstigen Zutaten mischen, gibt es nur einmal auf der Welt. Im Wirtschaftssektor gibt es auch den Begriff „Alleinstellungsmerkmal". Es bedeutet, Sie zeigen, welche Eigenschaft Ihr Produkt allein hat und keines der anderen. Sie kümmern sich um Ihr Produkt, gestalten es aus. Es trägt den von Ihnen gewünschten Namen und hat die von Ihnen gewünschten Eigenschaften. Es ist individuell, so wie Sie auch.

Dieses erfundene Beispiel zeigt, dass Sie sich mit Konkurrenz-Spielchen aufhalten oder einfach Ihren Service, Ihre Auswahl und Ihre Produktpalette optimieren können. Kümmern Sie sich. Ihr Unternehmen ist einzigartig, Ihr Angebot gibt es nur einmal. Denken Sie einmal daran, wie gut es manchem Restaurant tut, wenn der Wirt auf einfache und freundliche Art eine persönliche Beziehung zu seinen Gästen aufbaut. Diesen einen Wirt mit seinen lustigen Späßen gibt es nur einmal – ob die gleiche Speisekarte auch im Restaurant gegenüber hängt, ist dann gar nicht mehr so wichtig.

Bringen Sie Ihre Individualität hinein, und befassen Sie sich nicht mit all dem Unsinn, den Ihre Existenzangst Ihnen einreden will. Und wenn Ihnen jemand Ihre Idee klaut – dann erleben Sie, wie das Produkt an sich immer bekannter wird, was auch Ihnen wieder nutzt.

Natürlich müssen Sie sich von der Konkurrenz nicht die Butter vom Brot nehmen lassen, und wenn wirklich Rechte verletzt werden, so rate ich Ihnen nicht davon ab, sich zu wehren. Um was es mir in diesem Abschnitt viel mehr geht, ist, dass man sich aus Angst mehr mit dem beschäftigt, was der „Gegner" tut, und sich darüber aufregt, anstatt einfach mit Freude das eigene Unternehmen weiterzuentwickeln. Bleiben Sie bei sich. Geben Sie Ihre Kraft nicht weg, sondern schenken Sie sich die Aufmerksamkeit, die Sie nach außen gegeben haben. Sonst sind Sie wie die verschmähte Jungfer auf dem Ball, die den nächsten Jüngling, der Sie zum Tanz auffordern will, nicht wahrnimmt, weil sie mit dem auffälligeren Kleid einer anderen beschäftigt ist.

Wenn Sie anerkennen können, dass jemand anderes eine gute Idee umgesetzt hat, dann freuen Sie sich einfach darüber, dass etwas Neues auf die Welt gekommen ist, anstatt insgeheim mit sich zu hadern, weil Sie sich für nicht so erfolgreich halten. Und Gefühle von Neid sind nur Ausdruck dieses Haders mit uns selbst, weil wir unseren Sehnsüchten nicht gefolgt sind. Wenn Sie spüren, dass Sie neidisch sind, dann verteufeln Sie dieses Gefühl nicht als „negativ". Schauen Sie, was Sie an dem, was ein anderer hat oder erreicht hat, am meisten begehren. Und dann unternehmen Sie Schritte, es selbst zu verwirklichen. Dazu müssen Sie niemandem etwas wegnehmen, Sie finden einfach eine andere Ausdrucksweise für Ihre Idee. Sie könnten, um wieder zum Joghurt zurückzukommen, der erste Hersteller für Bio-Joghurt werden. Natürlich wird auch das nachgeahmt werden, so ist die Entwicklung des Marktes. Nehmen Sie dies als Kompliment für Ihre Idee und denken Sie sich etwas Neues aus.

Die Welt steht nicht still, und das ist gut so. Sonst hätte es vielleicht Bio-Joghurt nie gegeben.

Und wenn Sie selbst eine Idee gut finden und übernehmen möchten, dann kann mein Rat nur sein: Ahmen Sie nicht einfach nach, was ein anderer schon vor Ihnen gemacht hat (auch wenn vielleicht andere Menschen so etwas tun). Schauen Sie, wie diese Idee sich noch verbessern oder in einem anderen Rahmen umsetzen ließe. Wie wäre es denn mit Fruchtquark? Oder Fruchtsoße auf Naturjoghurt? Oder Obstsalat auf Joghurt? Und so weiter. Oder Sie fragen sich, wo fehlt noch eine Variation in einem ganz anderen Sektor? Gibt es denn schon Erdbeeren in dieser oder jener Form?

Der Erfolgstrainer Eugen Simon stellte auf einem Seminar[19] verschiedene Geschäftsideen vor und forderte die Teilnehmer auf, sie doch zu „modellieren“ – also nicht einfach nachzuahmen, sondern die Ideen in einen völlig anderen Kontext zu setzen. Auf diese Weise gehen Sie auch nicht in Konkurrenz, denn Sie machen nicht das Gleiche.

Übung: Fanpost

Wer ist Ihr größter Konkurrent? Was finden Sie richtig gut an ihm, seinem Konzept oder seinen Produkten?

Schreiben Sie Ihrem Konkurrenten eine Fanpost (Sie müssen sie nicht abschicken). Hier ein Beispiel:

Sehr geehrte Damen und Herren von der Super-Joghurt GmbH,

nachdem ich Ihren Joghurt gekostet habe – ich muss zugeben, ich habe den Deckel Ihres Joghurts mit Wut aufgerissen, weil Sie mein Joghurtbecher-

Design nachgeahmt haben –, möchte ich Ihnen mitteilen, dass er wirklich vorzüglich schmeckt. Er ist so cremig, dass er regelrecht auf der Zunge zerschmiltz, und er ist so fruchtig, als würde man Obstsalat an einem Sommertag im Freien genießen. Ich wüsste zu gerne, wie Sie das machen.

Da ich aus eigener Erfahrung weiß, wie schwierig es ist, Konsistenz und Geschmack eines Joghurts bei einer großen Produktion zu optimieren, kann ich mich vor Ihrem Ergebnis nur verbeugen. Und ich werde mich bemühen, ebenfalls ein Verfahren zu finden, das meinen Joghurt verfeinert.

Ich danke Ihnen für das Geschmackserlebnis und den Lerneffekt, den Ihr Joghurt mir zu einem solch günstigen Preis bescherte, und verbleibe

mit freundlichen Grüßen

Liz Connelly

Wie haben Sie sich während dieser Übung verändert? Sind Ihnen Ideen gekommen?

Sie sind so einzigartig, dass nichts und niemand Sie kopieren kann. Deshalb kann Ihnen auch niemand etwas wegnehmen. Sicher, Ihr Konkurrent könnte mit der Idee, die Sie zuerst hatten, mehr Geld verdienen.

Aber wie hat er das gemacht? Was können Sie daraus lernen und für sich anwenden?

Mitspieler und „Macher“ in der Matrix: gemeinsam und langfristig erfolgreich

Nun lassen Sie uns im dritten Teil das Gelernte noch vertiefen. In den folgenden Kapiteln erfahren Sie:

- dass Sie in der Matrix nicht allein sind,
- wie Sie sich mit den anderen Mitspielern zusammentun können,
- wie Sie die große Veränderung und den Übergang in einen neuen Abschnitt Ihres Lebens initiieren und gestalten können.

Legen Sie gleich los. Heute ist besser als morgen.

Über die „sieben Brücken" mit zwei Punkten? Übergänge

Es müsste ein Schock sein. Das Unternehmen, in dem ich endlich einen Job gefunden hatte, wird dichtgemacht. Ich spüre, ich müsste auf eine bestimmte Weise reagieren, mit Angst oder Trauer, aber es geschieht nichts. Deshalb beschließe ich, erst einmal nach Hause zu gehen und mir Gedanken darüber zu machen, was diese Situation für mich bedeutet. Ich bin noch nicht lange da, frisch aus der Arbeitslosigkeit, meine Kündigungsfrist beträgt vier Wochen.

Zuhause wird mir bewusst, dass ich weder Angst spüre noch mir Sorgen mache. Ich fühle mich gut. Ich denke mir, vielleicht unterdrücke ich meine Angst, aber auch bei näherem Hinspüren ist nichts davon zu merken. Stattdessen habe ich ein paar Ideen, was ich Neues machen könnte. Vielleicht die Selbstständigkeit. Ich mache eine Liste, recherchiere im Internet, telefoniere mit Menschen. Eine Idee formt sich, wird konkret. Ein neuer Übergang steht an, und dieses Mal freue ich mich darauf.

Olaf Jacobson plädiert in seinem Buch „Ich stehe nicht mehr zur Verfügung"[20] für langsame Veränderungen, die dafür umso nachhaltiger sind. Denn wenn wir über eine längere Zeit nach und nach Veränderungen initiieren, kommen wir selbst bei unserer Entwicklung mit. Ginge es zu schnell, wären wir überfordert. Jacobson verdeutlicht dies an einem schönen Beispiel: Angenommen, Sie wünschen sich, so reich zu sein, dass Sie eine Jacht besitzen, mit der Sie in der Südsee umherkreuzen können. Sie verdienen nun über einige Jahre immer mehr Geld, und eines Tages wird Ihr Traum wahr und Sie kaufen sich diese Jacht. Nun sind Sie auch an Ihren Reichtum gewöhnt, Sie können damit umgehen.

Jacobson bittet nun den Leser, sich vorzustellen, dass Sie am hellichten Tag in einen Lieferwagen gezerrt werden, eine Augenbinde angelegt bekommen und dann in die Südsee auf Ihrer Jacht abgesetzt werden, wo man Ihnen die Augenbinde wieder abnimmt. Sie wären in Nullkommanichts an Ihrem erträumten Ort, und dies wahrlich schneller, als Ihnen lieb ist. Aber was löst dies in Ihnen aus? Können Sie damit umgehen, aus Ihrem Alltag so herausgerissen zu werden? Finden Sie sich zurecht? Wo ist Ihr Partner, wo sind Ihre Freunde? Und hatten Sie die Chance, mitzuwachsen an Ihren Aufgaben, die der neue Reichtum mit sich bringt? Denn reich zu sein, bedeutet nicht nur Luxus, sondern auch Verantwortung. Und Sie werden – so wie Sie früher vielleicht Existenzängste hatten – nun Angst haben, Ihren Lebensstandard wieder zu verlieren. So manch einem Lottogewinner ist das Schicksal zuteil geworden, sein Geld auch recht schnell wieder zu verlieren, weil er überhaupt nicht wusste, was man mit so viel Geld anfängt, das plötzlich in sein Leben trat. Wie gewonnen, so zerronnen.[21]

Aus diesem Grund ist es manchmal gut, dass Veränderungen nicht zu schnell geschehen – vor allem, wenn wir dabei gar nicht darauf achten, ob wir schon so weit sind. Es gehört auch zum liebevollen Umgang mit sich selbst, sich Zeit zu geben für die Schritte, die Sie unternehmen, um Ihrem Lebenstraum näher zu sein. Achten Sie gut auf sich, denn Sie betreten eine neue Welt. Vieles wird leichter von der Hand gehen, als Sie dachten, und dennoch wird es auch immer wieder neue Herausforderungen und Aufgaben geben, mit denen Sie noch nie zu tun hatten. Um diesen Übergang vom Alten zum Neuen verständlicher zu machen, möchte ich Ihnen das Konzept der sogenannten „Heldenreise" vorstellen, das Sie leicht auf Ihr Leben übertragen können.

Der Theaterregisseur und Gestalttherapeut Paul Rebillot stellte bei der Lektüre eines Buches des Ethnologen Joseph Campbell das Folgende fest: In nahezu allen vergangenen und noch existierenden Gesellschaften wird der Übergang von der Kindheit ins Erwachsenenalter rituell begleitet. Es findet ein Übergang statt, der von seinem Anfang bis zu seinem Ende gestaltet wird, sodass diejenigen, die ihn machen, als Kind beginnen und als Erwachsene aus diesem Prozess in die Gemeinschaft zurückkehren. Campbell fand heraus, dass diese Übergangsriten fast immer ähnliche, übereinstimmende Elemente haben.[22]

Eine Tatsache beschäftigte Rebillot an dem, was der Ethnologe herausgefunden hatte, besonders: dass nämlich in unserer westlichen Gesellschaft solche Riten nicht existieren. Doch gerade sie gestalten den Prozess, der einem Menschen einerseits Klarheit verschafft über die Position, die er als Erwachsener in der Gemeinschaft einnehmen wird, und andererseits über seine Wünsche und Ziele. Es ist ein Prozess der inneren Selbstfindung, der häufig auch eine (ungefährliche) Begegnung mit der eigenen Angst beinhaltet. Gleichzeitig werden die Ressourcen zur Bewältigung von Krisen, von Angst, von starken Gefühlen gestärkt.[23]

Rebillot stellte im Laufe der Zeit bei der Arbeit mit Klienten und Gruppen fest, dass diese nach dem Durchlaufen ähnlicher Riten und Prozesse nicht mehr so viel Angst hatten, den Veränderungen des Lebens zu begegnen, Übergänge und Krisen ihnen in der Folge nicht mehr so sehr zusetzten, sondern sie eher motivierten, dem Leben eine neue Ausrichtung zu geben. Das Vertrauen, am Ende dieses Übergangs von einem Zustand in den anderen sich in einer neuen, besseren Position zu befinden, war gestärkt dadurch, dass die Teilnehmer schon einmal in einem sicheren Rahmen einen solchen Prozess durchlebt hatten und sich am Ende verändert – stärker, gefestigter – wiederfanden. Mit diesem Vertrauen, mit dieser Wandlung im Gepäck war ihnen die Struktur von Übergängen und Krisen bekannt und sie wussten, dass diese ein gutes Ende nehmen, ja, dass diese sie sogar weiterbringen.[24]

Wichtig für den heutzutage durchgeführten Prozess, der meistens „Heldenreise“ genannt wird, ist, dass er in der Gruppe stattfindet. Die Vereinzelung in unserer Gesellschaft ist so weit fortgeschritten, dass völlig unterschätzt wird, wie wichtig es ist, einen Platz innerhalb einer Gemeinschaft zu finden, auch wenn dies erst einmal einer in der angeleiteten, kleinen Gruppe geübt.

Da der „Heldenreise“-Prozess innerhalb eines gemeinschaftlichen Rahmens abläuft und von diesem getragen wird, fällt es den Teilnehmern leichter, sich sowohl die Themen anzuschauen, die beängstigend sind und davor zurückhalten, einen neuen Weg einzuschlagen oder eine Krise zu bewältigen. Gleichzeitig erfährt man sich im Zusammenhang mit einer Gruppe und kann so herausfinden, auf welche Weise man sich am wohlsten fühlt, wie man mit anderen Menschen in Kontakt kommt und bleibt. Und man lernt sowohl den Respekt vor den Grenzen der anderen als auch, wie man sich eigene Bedürfnisse erfüllen kann, einfach indem man einen anderen Menschen danach fragt und gegebenenfalls ein Nein akzeptieren lernt.

Um Ihnen auch die Möglichkeit zu geben, einen solchen Übergang zu verstehen und innerlich nachzuvollziehen, werde ich im Folgenden kurz beschreiben, was die typischen Anteile sowohl der rituellen Prozesse als auch eines typischen Übergangs im Leben sind – denn beide stimmen miteinander überein, der Prozess ist eine Art Vorbereitung auf das Leben.

Wenn Sie sehen, wie ein solcher Übergang abläuft und dass bestimmte Situationen ganz typisch sind, kann Ihnen dies hoffentlich ein wenig die Angst mildern und Ihnen vermitteln, dass bestimmte Krisen und innere Konflikte ganz normal sind – ja sogar dazugehören können.

Rebillot beschreibt, dass es eine innere Stimme der Sehnsucht in jedem Menschen gibt, die meist von zahlreichen anderen Stimmen überlagert wird („der Ruf“ genannt). Meist werden uns schon im Kindesalter Ziele und Wünsche eingetrichtert, die unserem Wesen gar nicht entsprechen. Später dann entfernen uns oft die Anforderungen von Beruf und Familie von uns selbst, das Leben scheint an uns vorbeizurasen. Würden wir anhalten, unsere innere Stimme, der Ruf, würde wieder lauter werden – vielleicht unüberhörbar.[25] Dies ist der Ausgangspunkt für Rebillot, denn ab diesem Zeitpunkt kann die Heldenreise beginnen.

Nehmen Sie drei Atemzüge. Wenn Sie lesen, dass es diesen Ruf gibt im Inneren jedes Menschen, und Sie tief in Ihr Herz hineinspüren, finden Sie dann diese Sehnsucht, diesen Wunsch nach Aufbruch?

Und wenn Sie sich für eine Veränderung entscheiden, dann spielt sich normalerweise im Innern eines Menschen das Folgende ab: Man möchte einerseits mit wehenden Fahnen voranstürmen und andererseits zögert man, tritt man auf der Stelle, getraut sich noch nicht so recht vorwärts und redet sich selbst ein, es wäre besser so. Rebillot nennt diese Phase die „Konfrontation zwischen Held und Dämon". Der „Held" ist eine archetypische Figur, die es nach Rebillot in jedem Menschen gibt. Es ist eine bildhafte Beschreibung für den Anteil in uns, der nach vorne gehen möchte, der Abenteuer erleben will und Freiheit von Zwängen sucht.[26]

Nun gibt es auch noch den sogenannten „Dämon". Dieser ist nicht etwa ein „böser" Anteil, sondern ein Anteil, der von dem jeweiligen Menschen selbst (und oft auch von der Gesellschaft, in der er lebt) verteufelt oder nicht gutgeheißen wird. Dieser Anteil ist jedoch sehr wichtig, er ist ein lebendiger, kraftvoller Teil. Es ist aber auch der Anteil, der vor Verletzungen schützen möchte. Deshalb spielt er sich als stark, groß und gefährlich auf. Er will den Menschen davon abhalten, seiner Sehnsucht zu folgen, weil er fürchtet, er könnte sich in Gefahr begeben.[27]

Da der Dämon (also all die unterdrückten Eigenschaften) meistens den inneren Helden davon abhalten will, vorwärtszugehen, kommt es zu einem inneren Konflikt, wann immer man sein Leben verändern möchte.[28]

Um diesen Konflikt aus dem Unterbewusstsein ins bewusste Erleben zu holen, werden diese beiden Anteile, der Held und der Dämon, bei Rebillot miteinander konfrontiert.[29] Denn erst danach, wenn beide zusammenarbeiten, kann der nächste Schritt auf einfache Weise gegangen werden.

Gehen auch Sie an dieser Stelle ins innere Zwiegespräch. Was sagt der Teil, der schnell vorankommen will? Was sagt der Teil, der Angst hat? Können diese beiden sich auf ein Vorgehen einigen, mit dem sie zufrieden sind, sodass einer den anderen nicht mehr sabotieren möchte?

Übung: Streit und Versöhnung

Sie können dieses Gespräch zwischen Held und Dämon auch aufschreiben, als wäre es ein Theaterstück, ein Drama. Vielleicht wird auch eine Komödie daraus.

Akt 1, Szene 1

(Auftritt Held)

Held: Hier bin ich! Und ich will voran!

(Auftritt Dämon)

Dämon: Niemals! Ich werde es verhindern! Das ist viel zu gefährlich!

Held: ...

Dämon: ...

Held: ...

Dämon: …

…

…

Bitte beachten Sie bei dieser Übung, dass eine Lösung nicht darin liegen kann, dass einer den anderen unterdrückt oder gar erschlägt – es sind ja Ihre inneren Anteile, und beide möchten gelebt werden. Versuchen Sie, den (Wider-)Streit in eine Einigung und Zusammenarbeit münden zu lassen.

Auf den Alltag übertragen stehen Sie nun an einem Punkt, an dem Sie sich dazu durchgerungen haben, erste Schritte in Richtung eines neuen Lebenszieles zu gehen, sei es ein neuer Beruf, das Ende einer Beziehung oder ein Kinderwunsch, der jetzt verwirklicht werden soll. Der Ruf wurde gehört, die Anteile der Vorfreude und der Angst wurden miteinander abgewogen, nun darf es vorwärtsgehen. Und das tut es auch.

Nach Rebillot folgt dann irgendwann auf dem Weg (meist nahe am Ziel) die sogenannte „höchste Prüfung"[30]. Doch dieser Begriff sollte sie nicht schrecken. Es bedeutet ganz einfach, dass ein großer Widerstand oder ein großes Hindernis auftreten kann. Diese Situation ist meist angstauslösend. Und doch ist es für einen Übergang „normal"! (Weil eben dieses Hindernis meist im Leben auftaucht, wurde es in den Ablauf des Prozesses mit hineingenommen.) Die gute Nachricht ist die, dass man diese Prüfung nur bestehen und niemals durchfallen kann. Aber um sie zu bestehen, muss man sie machen. Das heißt, wenn an dieser Stelle die Prüfung nicht absolviert wird, hat man oft das Gefühl, „festzuhängen".

Im Grunde genommen geht es bei dieser höchsten Prüfung um die Illusion der Angst. Indem man seiner größten Furcht begegnet, wird sie einem genommen (oder zumindest abgemildert). Die Phantasien darüber, was alles schiefgehen kann, werden als das entlarvt, was sie sind: Hirngespinste. Sicherlich, es ergeben sich Hindernisse und Widerstände in Ihrem Leben, die genau diese Angst auslösen, doch indem Sie sie annehmen und einfach weitermachen oder eine neue Lösung suchen, begegnen Sie ihr auf neue Weise: Sie vermeiden sie nicht mehr, sondern gehen weiter voran. Dadurch kann sich Ihr Leben dann wirklich ändern.

Es geht darum, sich vom Risiko einer Unternehmung nicht mehr abschrecken zu lassen. Denn selbst wenn Ihre Befürchtungen wahr werden, dann haben Sie es wenigstens versucht – Sie werden sich besser fühlen, als wenn Sie diesen Versuch Ihr ganzes Leben lang vor sich herschieben aus Angst vor ebenjenem Scheitern.

Und: Dieses „Hindernis", ob in Ihrem Inneren als Blockade oder im Außen, hat Vorteile, auch wenn es erst nicht so aussieht. Der erste Vorteil ist der, dass Sie nun alles einmal loslassen können. Ihr Plan könnte vielleicht nicht aufgehen, nun, dann ist es eben so. Sie haben 100 % gegeben, schauen Sie jetzt, ob es fruchtet. Wenn nicht, geht das Leben auch weiter. Der zweite Vorteil: Es klärt sich vieles noch kurz vor Schluss. Denn jetzt haben Sie die Chance zu erkennen, was Sie an Ihrem Projekt so sehr motiviert, dass Sie auch diesen Schrecken überwinden und weitermachen. Und Sie können spüren, was davon Sie wirklich wollen. Und die dritte Erkenntnis ist praktischer Natur: Wie kann und will ich es eigentlich machen (z. B. Abläufe organisieren, Aufgaben deligieren etc.)? Normalerweise fügt sich auf diese Weise vieles.

Und wenn es wirklich danebengegangen ist und Sie feststellen, dass das gar nicht so schlimm war wie befürchtet, dann trauen Sie es sich noch ein zweites Mal – diesmal vielleicht unter anderen Bedingungen, mit anderer Vorbereitung etc. Selbst wenn Ihre Schritte im Leben nicht zum gewünschten Ziel führen, Sie haben die höchste Prüfung bestanden, indem Sie sie gegangen sind. Und was auch immer Ihr Umfeld Ihnen vielleicht sagt („Das haben wir dir doch gleich gesagt"), Sie wissen, dass Sie mutiger waren als die, die den Schritt niemals gewagt haben, die noch nicht einmal ihren Ruf vernommen haben.

Nach der Prüfung folgt also die „Belohnung", so nennt es auch Rebillot.[31] Sie haben eine wichtige Erfahrung gemacht, Sie haben dazugelernt, Sie haben sich einer großen Angst gestellt – und viel dabei gewonnen. Die Belohnung besteht vor allem darin, dass Sie sich verändert haben, mehr in sich ruhen, nicht mehr weglaufen. Aber es kann auch bedeuten (und das tut es meistens), dass Sie Ihr Ziel wirklich erreichen.

Im Prozess nach Rebillot folgt nun die „Rückkehr", das bedeutet, nun kehrt man mit dem Gelernten, als veränderter Mensch, in die Gemeinschaft zurück, aus der heraus man die Reise begonnen hat. Konkret heißt das, man integriert das neu Gewonnene in den Alltag, in den Beruf, in die Familie etc. Man transformiert durch die eigene, innere Veränderung auch die äußeren Lebensbereiche.[32]

Da es im Leben immer wieder Übergänge gibt, durchlaufen wir in unserem Leben diesen Prozess immer und immer wieder. Wenn wir uns aber bewusst werden, dass all diese Anteile in uns ihre Daseinsberechtigung und ihren Zweck haben, dass auch die Ängste und Widerstände normal sind, dann fällt es uns irgendwann leichter, Veränderungen im Leben zu begegnen oder aus eigenem Antrieb in die Wege zu leiten – vor allem, wenn wieder ein Ruf erhallt, wenn unser Inneres eine Sehnsucht hat und uns auffordert, dieser zu folgen. Immer wieder möchte das Leben sich wandeln, wollen wir uns verändern, ob uns das bewusst ist oder nicht. Wie hieß es schon beim griechischen Philosophen Heraklit: „Das einzig Beständige ist der Wandel." Je sicherer wir uns also in einem solchen Wandel fühlen, je vertrauter wir mit den Phasen der Übergänge sind, desto leichter können wir mit dem Strom des Lebens schwimmen – und wenn es uns nicht passt, dann nehmen wir eine neue Abzweigung, schwimmen gegen den Strom oder erkunden das Meer.

Übung: Wo stehe ich?

Wenn Sie die folgende Abfolge von Stationen eines typischen Übergangs anschauen, wo befinden Sie sich derzeit? Markieren Sie die Stelle und lesen Sie dann noch einmal oben, was auf Sie zukommen könnte. Denn Ihre Gefühle in Bezug auf Ihre Situation sind völlig normal und angemessen, nicht nur Ihnen ergeht es so.

¤ *Spüren meiner Sehnsucht, Hören des „Rufs" und Wunsch nach Aufbruch*

Wenn Sie hier ein Kreuz gemacht haben, gratuliere ich Ihnen! Sie haben eine starke Verbindung zu Ihrem Inneren und also auch die Fähigkeit, dem Ruf zu folgen.

¤ *Zwiegespräch zwischen Held und Dämon: Ich will – ich will nicht*

Wenn Sie hier ein Kreuz gemacht haben, wunderbar! Sie werden sich Ihrer inneren Anteile bewusst und können sie nun miteinander versöhnen.

¤ *Höchste Prüfung/Krise: Alles geht dann plötzlich schief – oder doch nicht?*

Wenn Sie hier ein Kreuz gemacht haben, stehen Sie bereits einen Meter vor der Ziellinie! Ist das nicht schön? Oder doch beängstigend? Wagen Sie den letzten, kleinen Schritt ins Unbekannte.

¤ *Rückkehr in die Gesellschaft, Einnehmen eines neuen Platzes*

Wenn Sie hier ein Kreuz gemacht haben, können Sie den Prosecco aufmachen und feiern! Lassen Sie sich Zeit für das Umsetzen des Erreichten und freuen Sie sich an den Ergebnissen. Irgendwann dann werden Sie vermutlich einen neuen Ruf hören – und ein neues Abenteuer beginnt!

PS: Sie können, um diesen Prozess intensiv und gut betreut zu durchlaufen, an einer Heldenreise teilnehmen. Links mit Seminarangeboten finden Sie im Verzeichnis der Internetquellen.

Mitspieler und Netzwerker

Das ist das Schönste, was ich vom heutigen Abend mitgenommen habe: das Gefühl, nicht alleine vorwärts zu gehen. Bei unseren Treffen transformieren wir Thema um Thema und gehen ein wenig leichter und beschwingter nach Hause. Wir haben völlig verschiedene Familienverhältnisse und Berufe, wir kommen aus unterschiedlichen Gesellschaftsschichten. Bei den Matrixtreffen interessieren uns nur diese Fragen: Was möchtest du heute loslassen? Was könnte für dich das Geschenk dieses Abends sein?

In diesem Kapitel wird es darum gehen, dass es viel einfacher ist, mit anderen zusammen und nicht allein in der Matrix zu spielen. Die Zeiten des Kämpfens von einem gegen alle sind vorbei. Jetzt geht es gemeinsam voran. Doch wo finden Sie die Menschen, die Sie – zusätzlich zu denen, die Sie bereits kennen und lieben – auf Ihrem Weg begleiten?

Nicht nur für einen praktischen Einstieg in die Techniken der Veränderung auf Quantenebene ist es empfehlenswert, Einzelsitzungen, Kurse oder Seminare zu besuchen (Adressen von Anwendern und Seminaranbieter finden Sie im Adressverzeichnis hinten im Buch). Auf diese Weise können Sie andere Seminarteilnehmer kennenlernen, die Ihre Mitspieler in der Matrix sind. Sie müssen also nicht mit der eigenen Familie oder Freunden das Üben beginnen, sondern mit Menschen, die sich ebenso für all dies interessieren (was aber nicht heißen soll, dass sich Ihre Familie und Ihre Freunde nicht dafür interessieren werden).

Und mit diesen Menschen sollten Sie unbedingt in Kontakt bleiben. Bilden Sie Übungsgruppen. Hier können Sie nach Herzenslust ausprobieren und sich über Ihre Erfahrungen austauschen. Manch ein anderer Teilnehmer hat vielleicht Antworten auf Fragen Ihrerseits – und andersherum. Ich selbst spürte damals, dass ich die Sicherheit brauchte, in der Gruppe geübt zu haben, bevor ich mich auch an andere Menschen „wagte". Meine Freunde bezog ich anfangs nicht mit ein, da ich erst einmal für mich selbst schauen wollte, was sich aus dem Anwenden der Methoden für mich ergab. Außerdem reduzieren diese Gruppen den Wunsch, Familienmitglieder und Freunde als „Versuchskaninchen" zu rekrutieren. Warten Sie lieber ab, bis diese von selbst auf Sie zukommen. Wenn es Ihnen gutgeht, werden die Menschen in Ihrem Umfeld neugierig darauf, was die Ursache dafür sein könnte.

Als ich mich für verschiedenste spirituelle Richtungen und Methoden zu interessieren begann und vieles ausprobierte, meinte ich auch oft, Freunden, Bekannten und Familienmitgliedern empfehlen zu müssen, was sie für sich tun könnten. Ich wunderte mich, dass sie nicht genauso begeistert waren wie ich. Irgendwann wurde mir klar, dass ich als „Tester" einer Methode regelrecht beobachtet wurde. Hatten die Freunde oder Bekannten das Gefühl, etwas hatte wenig Wirkung oder war sehr mühselig, dann entschieden sie, dies nicht auch zu tun – und vermutlich war dies nicht die schlechteste Entscheidung. Wenn jemandes Computer nicht schnell genug läuft oder sogar abstürzt und derjenige ihn trotzdem weiterempfiehlt, würden Sie ihn ja auch nicht kaufen.

Irgendwann versuchte ich nicht mehr, mein Umfeld mitzuziehen, was eine deutliche Entspannung in meinen Beziehungen zur Folge hatte. Und tatsächlich war es dann irgendwann doch so, dass ich gefragt wurde, was ich denn eigentlich machen würde, mir ginge es in letzter Zeit so gut. Dann sprach ich darüber, aber ohne Erwartungen zu haben oder Vorschläge für den anderen. Denn woher sollte ich wissen, dass das, was mir guttat, auch für einen anderen gut ist? Ich denke, diese Entscheidung kann jeder für sich selbst treffen, aber nicht für andere. Deshalb: Machen Sie kein Dogma aus Ihrem spirituellen Weg. Lassen Sie jedem die Freiheit, seinen Weg in seinem Tempo zu finden – oder so zufrieden zu sein, wie es gerade ist (auch wenn uns das nicht passt). Wir können letztendlich nicht wirklich wissen, was das Beste für einen anderen ist.

Deshalb suchen Sie sich doch einfach noch zusätzlich Menschen, die an den gleichen Dingen interessiert sind wie Sie. Und dann schotten Sie sich nicht ab, machen Sie einen offenen Treff daraus. Mittlerweile bin ich in zwei verschiedenen Gruppen aus zwei unterschiedlichen Seminaren und einem Telefon-Netzwerk. In einer Gruppe sind die „Kaffeekränzchen in der Matrix" eine beliebte Veranstaltung auch von Freunden und Ehepartnern der Teilnehmer. Und alle haben viel Spaß.

Meistens laufen die Treffen so ab (übernehmen Sie für Ihre Gruppe, was Ihnen gefällt): Bis alle da sind, erzählen wir uns gegenseitig, was wir beim Anwenden der Techniken erlebt haben. Da einige von uns eine Praxis und Klienten haben, ist es spannend zu hören, wie sich dies alles in die Behandlungen oder Gespräche integrieren lässt – einige sind auch schon ganz auf Quantenenergie umgestiegen und ihre Klienten machen dies freudig mit. Andere berichten von sich selbst, wie sich ihr Leben ändert. Dann wieder hat jemand eine Frage, wir überlegen gemeinsam und diskutieren darüber.

Wenn alle da sind, legen wir los. Wir teilen uns in Zweier- oder Dreiergruppen auf und „spielen" oder pointen – oder wir mischen alles Mögliche, das wir gelernt haben, durcheinander, ganz nach Situation und Hintergrund. Meist geht es danach, wonach wir Lust haben oder was sich derjenige wünscht; mit dem gearbeitet wird. In Dreiergruppen ist jeweils einer derjenige, mit dem „gespielt" wird oder der gepointet wird, einer spielt oder pointet, der Dritte stellt sich für das Auffangen bereit. Meistens arbeiten wir vor einem Stuhl oder Sofa oder gleich im Sitzen, damit wir (ohne den Auffänger) kleinere Gruppen bilden und so mehr üben können.

Innerhalb der Gruppen rotieren wir, sodass jeder am Ende des Treffens mindestens einmal in jeder Position war. Es wird gewechselt, wenn derjenige, der gepointet wird, das Gefühl hat, er möchte aufhören oder wenn die Ampel rot ist als Signal für den „Spieler", dass es fürs Erste jetzt genug ist.

Wenn eine Gruppe schneller fertig ist und alle dran waren, dann setzt sie sich entweder zusammen und bespricht das Erlebte oder sie macht einen zweiten Durchgang mit anderen Themen. Manche experimentieren ein bisschen herum – natürlich immer mit Einverständnis der Mitspieler.

Am Ende setzen wir uns alls wieder zusammen und besprechen, wie es uns ergangen ist. Jeder erzählt, was er oder sie möchte, zum Beispiel Beobachtungen oder was gut geklappt hat.

Dann wird ein neuer Termin ausgemacht, falls noch kein neuer feststeht (in einer meiner Gruppen haben wir mittlerweile einen festen Rhythmus), und der Nachmittag oder Abend klingt noch munter aus.

Übung: Vernetzen „live"

Schreiben Sie auf, mit welchen Menschen Sie in Bezug auf Beruf und Karriere oder in Bezug auf Geld und Finanzen oder aber in Bezug auf Matrix und Quantenenergie mehr zu tun haben möchten. Finden Sie heraus, ob es diesen Menschen genauso ergeht. Planen Sie ein Treffen und laden Sie sie ein.

Wenn Ihnen nicht viele Menschen einfallen, schalten Sie eine Anzeige in einem Stadtmagazin – am besten online, das ist häufig kostenlos. Unternehmen Sie die ersten Schritte, vielleicht auch gemeinsam mit einer Freundin oder einem Freund. Oder sehen Sie die Teilnehmerlisten von Seminaren an, auf denen Sie waren. Wohnt jemand in Ihrer Nähe? Fragen

Sie den Seminarleiter, ob vielleicht auf früheren oder folgenden Seminaren jemand aus Ihrer Umgebung teilgenommen hat und ob er Ihre Anfrage an diese Menschen weiterleiten kann.

Tun Sie etwas, damit Sie nicht länger alleine bleiben mit Ihren Themen, damit die Gespräche nicht nur in Ihrem Kopf stattfinden oder mit Menschen, die sich nicht wirklich dafür interessieren.

Viele Leute gründen Vereine, um sich gemeinsam den unterschiedlichsten Dingen zu widmen. Also können auch Sie eine Gruppe bilden. Sie werden sehen, wie aufregend das ist – und förderlich für alle.

Wenn Sie Menschen mit einbeziehen möchten, die weiter weg wohnen, planen Sie eine Telefonkonferenz (siehe die nächste Übung).

Übung: Elektronisches Netzwerken

Eine weitere Gelegenheit, die sich aus Kursen und Seminaren ergibt, ist das elektronische Netzwerken. Nach Seminaren, auf die Teilnehmer aus verschiedenen Städten und Regionen kamen, kann man nur mit großem Aufwand gemeinsame Treffen veranstalten. Auf einem Erfolgsseminar beschlossen wir deshalb mit sechs Personen, uns regelmäßig zu Erfolgskonferenzen zu verabreden – über Skype[33] oder Telefon[34]. Dadurch ergibt sich die Gelegenheit, sich gegenseitig auf Trab zu halten. Für die Telefonkonferenzen vereinbarten wir folgende Regeln:

1) *Jeder berichtet über die Schritte, die er unternommen hat, um seinem Ziel näherzukommen.*

2) *Bei Problemen soll nicht weit ausgeholt werden, sondern konkret und sachlich nachgefragt werden, ob jemand einen Lösungsvorschlag hat. (Dies ist wichtig, denn die knappe Zeit für die Konferenz soll ja dazu dienen, alle Beteiligten vorwärtszubringen, und nicht dazu, sich gegenseitig zu erzählen, wie schwierig alles doch ist.)*

3) *Die Teilnehmer geben sich bei Problemen ehrliche Rückmeldung und machen konstruktive Vorschläge.*

4) *Jeder berichtet den anderen Gruppenteilnehmern, welche Schritte er bis zur nächsten Telefonkonferenz unternehmen wird. Einer der Teilnehmer protokolliert diese Schritte – so ist eine Verbindlichkeit geschaffen, die Sie dazu motiviert, das, wofür Sie sich entschieden haben, auch wirklich zu tun.*

5) *Die Teilnehmer loben sich gegenseitig ausgiebig für jeden gegangenen Schritt und würdigen den Erfolg eines jeden.*

6) *Bei jeder Konferenz wird ein neuer Termin ausgemacht, damit weder Terminchaos entsteht noch Massen von E-Mails gesendet werden müssen. Terminkalender sollten also zu jedem Telefongespräch vorliegen.*

7) *Auch legten wir fest, wer jeweils das Gespräch führt. Diese Aufgabe übernimmt reihum jeder einmal. Derjenige, der das Gespräch leitet, sorgt dafür, dass jeder drankommt und die Regeln eingehalten werden.*

Das Programm für die große Veränderung: 21 Tage

Tag 18. Das habe ich nicht erwartet. Jeden Morgen und jeden Abend habe ich das Mantra aufgesagt, und nun habe ich das erwünschte Ergebnis erreicht. Das ist ja verrückt, es funktioniert offensichtlich doch. Oder bin ich jetzt einfach bereit dafür, weil ich mich seit 18 Tagen damit beschäftige?

In vielen spirituellen Büchern und Kursen wird die Tatsache besprochen, dass etwas, das man über einen längeren Zeitraum täglich tut, eine nachhaltigere Wirkung hat, als wenn man es ab und zu tut. Es werden 14, 20, 21 oder 28 Tage empfohlen. Manche Lehrer empfehlen auch einen Zeitraum von 40 Tagen, um mithilfe zum Beispiel eines Mantras[35] die gewünschte Veränderung herbeizuführen. Welchen Zeitraum auch immer Sie wählen, es geht darum, auszuprobieren, wie das nachhaltige Ausrichten auf etwas sich auswirkt.

Ganz gleich, wie lange der Zeitraum sein soll (ich schlage 21 Tage vor), legen Sie zu Beginn fest, ob sie etwas Bestimmtes erreichen möchten oder einfach allgemein Ihr Wohlbefinden erhöhen. Dann wählen Sie eine Übung. Andere wählen vielleicht ein Mantra, zum Beispiel das Ganesha-Mantra zur Beseitigung von Hindernissen, für Neuanfänge, Geschäftseröffnungen und so weiter.[36]

Anstatt ein Mantra aufzusagen, können Sie auch Folgendes tun (das wäre dann sozusagen die Matrix-Variante): Wählen Sie einen Ausgangspunkt 1 bei sich selbst, vielleicht innerhalb der Region im Körper, wo ein starkes Gefühl zu einem bestimmten Thema herrscht. Dann stellt man sich das Mantra als im Raum schwebend vor und setzt Punkt 2 darauf. Nun die Verbindung der beiden Punkte über das Herzfeld spüren, fertig. Gleiches gilt für Symbole, Abbildungen von Engeln und so weiter. Es geht nur darum, dies mindestens 21 Tage zu tun, und zwar möglichst immer die gleiche Übung, gerne auch mehrmals am Tag.

Man könnte an dieser Stelle einwenden, dass doch eigentlich ein Thema gelöst sein müsste, wenn man es einmal bearbeitet hat. Dies ist auch oft der Fall. Hier geht es aber um eine sichtbare, spürbare größere Veränderung, und wenn diese nach einem Tag eintritt, wunderbar. Alles ist möglich. Als ich mit einem Mantra 21 Tage arbeitete und nach 18 Tagen das Ziel erreicht war, sparte ich mir die letzten drei Tage, obwohl es sicher interessant gewesen wäre zu beobachten, ob sich das Ergebnis in den letzten drei Tagen nicht noch verfestigt hätte. Nun, das wird weiterhin auszuprobieren sein.

Sie müssen für die 21 Tage kein Mantra verwenden, Sie können auch den Reichtumsregler, die Quantenbühne, das Tagebuch von heute Abend, das Herzfeld-Spüren, das Halten zweier Punkte oder jede andere Übung nehmen. Oder Sie schreiben Ihre positiven Beobachtungen auf. Sie können sich auch etwas Eigenes ausdenken oder eine Übung machen, die Sie aus einer anderen Quelle als diesem Buch haben.

Und beginnen Sie mit nur einer Übung für 21 Tage, übertreiben Sie es nicht, es muss zeitlich realistisch und durchführbar bleiben. Selbst eine einzelne Übung von fünf Minuten, 21 Tage lang je einmal durchgeführt, wird einen Effekt haben.

Das Arbeiten mit Affirmationen halte ich für schwierig, weil man häufig nicht vorher weiß, ob eine Affirmation auch wirklich passt. Es ist günstig, wenn man mit einer solchen arbeiten möchte, sie vorher austesten zu lassen. Entweder kinesiologisch oder mit einem Scan-System wie dem EmotionScan[37]. Denn genauso wenig wie Ihnen vermutlich Ihre Glaubenssätze bewusst sind, so wenig kennen Sie den Lösungssatz hierzu. Und außerdem spielt sich all dies auch wieder im Bereich der Gedanken ab, und vielleicht mindert dies den gewünschten Effekt.

Wenn Sie effektiver vorgehen möchten, versuchen Sie es mit dem Erleben im Herzfeld. Versetzen Sie sich für ein paar Minuten in den gewünschten Zustand, als sei er bereits eingetreten. Spüren Sie, wie sich das jetzt anfühlt. Bleiben Sie dabei mit der Aufmerksamkeit im Herzfeld. Üben Sie jedoch keinen Zwang auf sich aus, sondern spielen Sie damit. Sie können für den Zeitrahmen einen Kurzzeitwecker einsetzen oder die Eieruhr. Drei oder fünf Minuten gut fühlen und jetzt das erleben, was Sie manifestieren möchten, sendet eine eindeutige Nachricht in die Matrix – ganz gleich, wie Sie sich den Rest des Tages fühlen.

Übung: Das 21-Tage-Programm

Tun Sie es: Tragen Sie in Ihren Kalender ein, wann die 21 Tage vorüber sind, und haken Sie jeden Tag, den Sie geschafft haben, stolz ab. Machen Sie jeden Tag die Übung, für die Sie sich entschieden haben. Und machen Sie besonders dann weiter, wenn es scheint, als würde es nicht helfen. Geben Sie den 21 Tagen eine Chance. Und legen Sie sich nicht auf den 21. Tag als Zielpunkt fest, schauen Sie einfach, was im Verlauf dieser Zeit schon alles geschieht. Achten Sie auf Hinweise für Veränderungen und freuen Sie sich darüber, dass es schon geschehen ist. Es funktioniert. (Auf den bald folgenden Seite finden Sie vorbereitete Protokollseiten für 21 Tage zum Ausfüllen.)

Um eine Verbindlichkeit sich selbst gegenüber zu schaffen, schlägt die Kreativitätslehrerin Julia Cameron in ihrem Buch „Der Weg des Künstlers“[38] vor, einen Vertrag abzuschließen. Einen ähnlichen Vertrag können Sie auch mit sich selbst eingehen. Für das 21-Programm könnte er so aussehen wie auf der nächsten Seite abgebildet. Sie können ihn dort, wenn Sie möchten, auch gleich selbst ausfüllen und unterschreiben. Oder Sie kopieren ihn sich auf ein größeres Format und hängen ihn an die Wand.

Vertrag mit mir selbst

Hiermit verpflichte ich mich mir selbst gegenüber, für den Zeitraum von 21 Tagen ab heute, den ___.___.__________, die folgende Übung mindestens einmal am Tag durchzuführen:

Bezeichnung der Übung:

____

Diese Übung werde ich ___-mal oder ___ Minuten lang durchführen.

Meine Beobachtungen dazu, wie sich mein Leben verändert, werde ich schriftlich oder auf andere Weise festhalten.

Ort, Datum

____

Unterschrift

____

Tag 1 **Datum:**____________________

Halten Sie hier und jetzt den Ausgangspunkt fest (siehe Kapitel Aufräumen und Klarheit *schaffen). Wo stehe ich? Wie fühle ich mich?*

Ausgewählte Übung: ________________________

Übung gemacht? _______

Tag 2 **Datum:**___________________

Übung gemacht? _______

Was hat sich heute positiv verändert? Welche Anzeichen sehen Sie dafür, dass etwas in Bewegung ist? Schreiben Sie es auf.

Tag 3 **Datum:____________________**

Übung gemacht? ________

Was hat sich heute positiv verändert? Welche Anzeichen sehen Sie dafür, dass etwas in Bewegung ist? Schreiben Sie es auf.

Tag 4 **Datum:____________________**

Übung gemacht? ________

Was hat sich heute positiv verändert? Welche Anzeichen sehen Sie dafür, dass etwas in Bewegung ist? Schreiben Sie es auf.

Tag 5 **Datum:____________________**

Übung gemacht? ________

Was hat sich heute positiv verändert? Welche Anzeichen sehen Sie dafür, dass etwas in Bewegung ist? Schreiben Sie es auf.

Tag 6 **Datum:____________________**

Übung gemacht? ________

Was hat sich heute positiv verändert? Welche Anzeichen sehen Sie dafür, dass etwas in Bewegung ist? Schreiben Sie es auf.

Tag 7 **Datum:____________________**

Übung gemacht? ________

Was hat sich heute positiv verändert? Welche Anzeichen sehen Sie dafür, dass etwas in Bewegung ist? Schreiben Sie es auf.

Tag 8 **Datum:__________________**

Übung gemacht? ______

Was hat sich heute positiv verändert? Welche Anzeichen sehen Sie dafür, dass etwas in Bewegung ist? Schreiben Sie es auf.

Tag 9 **Datum:____________________**

Übung gemacht? ________

Was hat sich heute positiv verändert? Welche Anzeichen sehen Sie dafür, dass etwas in Bewegung ist? Schreiben Sie es auf.

Tag 10 **Datum:____________________**

Übung gemacht? _______

Was hat sich heute positiv verändert? Welche Anzeichen sehen Sie dafür, dass etwas in Bewegung ist? Schreiben Sie es auf.

Tag 11 **Datum:____________________**

Übung gemacht? _______

Was hat sich heute positiv verändert? Welche Anzeichen sehen Sie dafür, dass etwas in Bewegung ist? Schreiben Sie es auf.

Tag 12 **Datum:___________________**

Übung gemacht? ______

Was hat sich heute positiv verändert? Welche Anzeichen sehen Sie dafür, dass etwas in Bewegung ist? Schreiben Sie es auf.

Tag 13 **Datum:____________________**

Übung gemacht? ________

Was hat sich heute positiv verändert? Welche Anzeichen sehen Sie dafür, dass etwas in Bewegung ist? Schreiben Sie es auf.

Tag 14 **Datum:____________________**

Übung gemacht? _______

Was hat sich heute positiv verändert? Welche Anzeichen sehen Sie dafür, dass etwas in Bewegung ist? Schreiben Sie es auf.

Tag 15 **Datum:____________________**

Übung gemacht? ________

Was hat sich heute positiv verändert? Welche Anzeichen sehen Sie dafür, dass etwas in Bewegung ist? Schreiben Sie es auf.

Tag 16 **Datum:** ___________________

Übung gemacht? _______

Was hat sich heute positiv verändert? Welche Anzeichen sehen Sie dafür, dass etwas in Bewegung ist? Schreiben Sie es auf.

Tag 17 **Datum:__________________**

Übung gemacht? _______

Was hat sich heute positiv verändert? Welche Anzeichen sehen Sie dafür, dass etwas in Bewegung ist? Schreiben Sie es auf.

Tag 18 **Datum:___________________**

Übung gemacht? _______

Was hat sich heute positiv verändert? Welche Anzeichen sehen Sie dafür, dass etwas in Bewegung ist? Schreiben Sie es auf.

Tag 19 **Datum:____________________**

Übung gemacht? ________

Was hat sich heute positiv verändert? Welche Anzeichen sehen Sie dafür, dass etwas in Bewegung ist? Schreiben Sie es auf.

Tag 20 **Datum:____________________**

Übung gemacht? _______

Was hat sich heute positiv verändert? Welche Anzeichen sehen Sie dafür, dass etwas in Bewegung ist? Schreiben Sie es auf.

Tag 21 **Datum:**___________________

Übung gemacht? _______

Was hat sich heute positiv verändert? Welche Anzeichen sehen Sie dafür, dass etwas in Bewegung ist? Schreiben Sie es auf.

GESCHAFFT!

Belohnen Sie sich für diesen Erfolg! Und stellen Sie fest, was sich in den 21 Tagen alles geändert hat. Vergleichen Sie Tag 1 und jetzt.

Ein persönlicher Exkurs: Armut und Arbeitslosigkeit

An dieser Stelle möchte ich, nachdem ich in meinem Leben sowohl reich und erfolgreich als auch arm und arbeitslos war, mit ein paar spirituellen Konzepten aufräumen. Denn einige dieser Konzepte könnten für Sie hinderlich sein, wenn Sie selbst derzeit von Armut und/oder Arbeitslosigkeit betroffen sind. Denn im Nachhinein betrachtet will ich die Zeit, in der all dies erlebte, nicht mehr missen: Der „große Mangel", wie ich ihn nannte, brachte mir großen Reichtum in ganz anderer Hinsicht. Aus diesem Grund ist dies mein Appell an Sie, sich für dies alles nicht zu schämen oder gar nach Gründen dafür zu suchen, warum Sie es „so weit haben kommen lassen" oder gar, ob Sie das „so wollten".

Arbeitslosigkeit geschieht, Armut gibt es – ob Sie oder andere es so wollen oder nicht. Und es gibt viele Menschen, für die dies ein Segen war (mich selbst eingeschlossen). So schreibt etwa der englische Geistheiler Karma Singh: „[Vorher] war ich Besitzer einer sehr erfolgreichen Firma, die durch kuriose Umstände plötzlich nicht mehr die meinige war. Durch den materiellen Verlust wure mein Bewußtsein so befreit, daß meine Berufung zum Heiler geschehen konnte."

Auch mir erging es ähnlich. Zwar habe ich nicht eine solche „Berufung" verspürt, aber das Erleben, wie alles sich von mir entfernte, auf was ich immer gebaut und dem ich immer vertraut hatte, löste Angst aus und machte gleichzeitig eine völlige Loslösung möglich. Plötzlich fehlten Erfolg, Anerkennung, Unterstützung. Freundschaften zerbrachen, sogar meine Familie verstieß mich, man ließ mir einen Brief zukommen, in dem stand, ich dürfe die Beziehung zu ihnen erst wieder aufnehmen, wenn ich mein Leben wieder im Griff hätte (und man bedenke: ich war keinesfalls alkohol- oder drogensüchtig gewesen, sondern einfach „nur" arbeitslos). Therapeuten erzählten mir, ich hätte es so gewollt und meinen Erfolg sabotiert. Spirituell sich für weise haltende Menschen sagten mir, ich hätte meinen Eltern nicht verziehen und deshalb sei der Erfolg nicht in meinem Leben. Andere kritisierten mein „Opferdasein" und hielten mir vor, ich wolle nur Aufmerksamkeit erhalten und keine Verantwortung übernehmen.

Und irgendwann fielen auch all diese Bewertungen und Interpretationen von mir ab, die mir übergestülpt wurden und die ich lange Zeit selbst zu glauben neigte. Denn ich hatte mir regelrecht vorgeworfen, in diese Situation geraten zu sein, und arbeitete hart an mir. Und dann begriff ich: All das war ein Geschenk des Lebens. So einfach war das. Mehr steckte gar nicht dahinter. Und es war das Beste, was mir jemals hätte passieren können.

Denn als alles weggefallen war, blieb doch einiges übrig: zum einen die Menschen, die zu mir hielten, die also meine wirklichen Freunde waren. Zum anderen mein Selbstwert, denn auch ohne all die äußerlichen Eckdaten fühlte ich mich wertvoll, ich spürte, ich hatte das Recht, mit Freude am Leben zu sein, ob ich nun der Gesellschaft als Steuerzahler diente oder sogar in der Situation war, etwas von ihr nehmen zu müssen. Ich erkannte, dass ich nun zu einer Gruppe Menschen gehörte, die als Sündenbock herhalten muss, auf die viele ihre Ängste und Schattenanteile projizieren. Am stärksten wurde ich von denjenigen verurteilt, die selbst nie gearbeitet haben, weil zum Beispiel ihr Partner sie versorgte, sie also nie auf einen Arbeitsplatz angewiesen waren, und von denen, die so überarbeitet waren, dass sie kurz vorm Herzinfarkt standen, und die die Freiheit und Erholung, die ich mir jetzt gönnen konnte, sich selbst völlig versagten.

Heute empfinde ich viel Mitgefühl für sie, denn als ich selbst noch niemals Armut oder Arbeitslosigketit erlebt hatte, war ich ähnlich verurteilend gewesen. Meine materielle „Durststrecke" öffnete wahrlich mein Herz und – kaum zu glauben – verstärkte mein Vertrauen ins Leben. Denn ich hatte jetzt gelernt, dass die vermeintlichen Katastrophen regelrechte Katalysatoren sein können, die die eigene Entwicklung enorm schnell voranbringen.

Auch traf ich sehr wertvolle Menschen, die in äußeren Belangen sicherlich als nicht erfolgreich gelten. Sie waren es aber, die mir zeigten, dass wichtiger noch als dem Geld hinterherzulaufen, Statussymbole zu erwerben und Anerkennung zu bekommen war, Freude am Leben zu empfinden und etwas zu tun, was ebendiese Freude fördert.

Wofür steht dein Wunsch nach Geld?, fragten mich diese vermeintlich „armen" Menschen. Wofür willst du es verwenden?, fragten sie ganz praktisch. Und sie fragten: Kannst du das, was du wirklich suchst, eigentlich mit Geld kaufen?

Ich begann immer mehr zu begreifen, dass Erfolg und Reichtum sowohl Ausdruck von Reife als auch von Unreife sein konnten. Und dass Mitmenschlichkeit, Mitgefühl und spirituelle Entwicklung eines Menschen unabhängig davon sind, wie erfolgreich er im Materiellen ist. Ich erfuhr dies als Freiheit, denn ich begriff, dass jeder Mensch in sich wertvoll ist, dass dies nichts mit den äußeren Bedingungen zu tun hat, in denen er lebt. Weisheit, Güte und Solidarität habe ich unter „armen" Menschen sehr viel erlebt.

Auch wurden mir die Augen geöffnet für einen anderen Begriff von Erfolg. Mir wurde klar, dass wir von außen betrachtet, wenn es um Erfolg geht, vielleicht alle auf der gleichen Rennbahn laufen, aber einige von uns mit viel, viel mehr Vorsprung gestartet sind: Wer in einem Professorenhaushalt aufgewachsen ist, wessen Vater ein erfolgreicher Geschäftsmann ist, der hat bessere Aussichten, später erfolgreich zu sein als ein misshandeltes Kind von psychisch kranken Sozialhilfeempfängern. Denn die Leistungen, die ein solcher Mensch vollbringen muss, um ein ansatzweise normales Leben zu führen – ohne Medikamente oder Drogen, mit normalem Job, ohne die eigenen Kinder so zu behandeln, wie man es selbst erfahren hat –, sind enorm.

Es herrschen für jeden Menschen ganz andere Voraussetzungen! Deshalb kann Erfolg auch nicht von außen definiert werden, sondern höchstens von innen. Was für den einen ein Klacks ist, macht einem anderen viel Mühe. Und es wird Zeit, unsere Mitmenschen, die wirklich ihr Äußerstes geben, um ein in unseren Augen vielleicht durchschnittliches Leben zu führen, mehr zu würdigen und wertzuschätzen.

Mir wurde zudem klar, dass ich und andere auch von den mangelnden Perspektiven deprimiert wurden, die uns der Arbeitsmarkt zu bieten schien. Die Aussicht, auf immer und ewig etwa in einem Call-Center sitzen zu müssen und Leute mit Werbeanrufen zu belästigen, stimmte mich missmutig. Ich ertappte mich dabei, die Pflichtbewerbungen bei solchen Firmen sabotieren zu wollen (unter Androhung von Sanktionen wird man übrigens vom Arbeitsamt zu solchen Bewerbungen gezwungen). Wichtiger als der Mensch ist der Arbeitslosenverwaltung die Produktivität desselben, dies erfuhren ich und andere immer wieder („Fordern und Fördern" sieht meines Erachtens anders aus, als die Leute unter Androhung von Geldkürzungen an Zeitarbeitsfirmen zu vermitteln). Dann nahm ich irgendwann die Sache selbst in die Hand und hatte Glück, dass es gelang. Und das ist auch das, was ich vermitteln möchte: sich nicht deprimieren zu lassen von den Aussichten, sondern sich konkret zu überlegen, was man kann und möchte. Dann stimmt auch die Perspektive wieder und Motivation ist da. Es wird nicht von außen kommen (oder nur sehr selten). Die Erkenntnis, dass Freude wichtiger ist als Pflichterfüllung, dass das jeweilige Potenzial zu entfalten wichtiger ist, als alle in das gleiche Schema zu pressen, hat sich noch nicht durchgesetzt. Deshalb: Entscheiden Sie sich, bevor es ein anderer für Sie tut. Und hören Sie nicht auf all die Menschen, die mit ihrem eigenen Job unzufrieden sind, aber Ihnen raten, sich doch schleunigst wieder anzupassen. Das ist ja so, als würde ein Sklave dem anderen raten, sich schnell wieder an die Kette zu legen.

Auf meinem Weg durch den Mangel interessierte ich mich auch immer mehr für Spiritualität. Ich suchte hier, suchte dort, und erfuhr viel Interessantes und Nützliches, aber auch einiges, was in meinen Augen nutzlos oder gar schädlich war. In den Matrix- und Quantenenergiemethoden fand ich eine Möglichkeit zur Transformation, die nicht wertend ist, Techniken, die spielerisch funktionieren, und theoretische Ansätze, die meine geistige Freiheit erweiterten. Und so begann ich, mich nach und nach aus der Arbeitslosigkeit „herauszuspielen" (in die ich ursprünglich natürlich nicht hatte kommen wollen, aber das Leben war klüger als ich und schickte mich auf diese intensive, befreiende, bereichernde Reise).

Ob ich es schaffen würde, war mir am Ende gar nicht mehr wichtig. Wenn das Leben mich noch länger in diesem Zustand belassen hätte, ich hätte es willig akzeptiert und diese Lernaufgabe angenommen. So aber nahm meine Geschichte eine andere Wendung. Dass ich dies alles nun in einem Buch veröffentlichen und damit vielleicht jemandem helfen kann, ist ein krönender Abschluss dieser Reise, die mich aus der Fülle in den Mangel und wieder zurück führte.

Mit dieser persönlichen Geschichte möchte ich Ihnen, liebe Leser, nur mitteilen, dass es durchaus sein kann, dass Sie – genau wie ich damals – in der Situation, in der Sie jetzt stehen, genau am richtigen Platz sind. Das heißt nicht, dass Sie sich zufriedengeben sollten oder die Hände in den Schoß legen (obwohl das für manche erst einmal gut sein kann). Es ist keine Strafe, denn dafür müsste es so etwas wie Fehler oder Schuld geben (diese Bewertungen und diese Gefühle haben sich für mich als Illusion herausgestellt).

Deshalb können Sie dem Leben (oder Ihrer Seele oder an was Sie glauben) vertrauen und sich öffnen für die Geschenke, die jetzt schon da sind. Sie werden sehen, dass es mehr ist, als Sie dachten – und ganz sicher ist es überraschend anders. Aber ist das nicht auch schön? Dass nicht alles nach Plan läuft und starr festgelegt ist? Welcher Baum wächst denn nach Plan, welche Blume lässt sich nur ein bestimmtes Zeitfenster offen? Und bedenken Sie, dass Ihre Situation nur eine vorübergehende sein kann, denn alle Zustände wandeln sich permanent, und Ihre derzeitigen Umstände werden vergehen, so wie die Jahreszeiten wechseln. Alles ist in Bewegung – es hat noch nie etwas Festes, Unabänderliches gegeben, und das ist gut so.

Nachwort

Jetzt ist das Buch fertig. Vor einigen Wochen habe ich noch mit der Quantenbühne gearbeitet und gesehen, wie die Druckerpresse angeworfen wird. Da wusste ich, dass ich es wirklich schaffen würde, das Manuskript abzuschließen. Zwischendurch zweifelte ich immer wieder daran, dass ich es schreiben könnte. Aber jetzt ist es getan.

Ich hätte niemals gedacht, dass sich mein Leben so verändern würde. Vor einem Jahr war ich noch arbeitslos, jetzt bin ich Unternehmerin, Netzwerkerin, Autorin.

Meinen Lesern wünsche ich von Herzen, dass die Matrix ihnen Anregungen und Gelegenheiten kreiert, damit sie einfache Wege finden, ihr Leben nach ihren Wünschen (oder besser) zu gestalten.

Mit den Matrix-Techniken werden Sie mühelos und teils unbewusst lernen, mit dem Herzen zu sehen. Und Sie werden es mögen, wenn Sie vor Mitgefühl manchmal zu zerfließen scheinen, tagelang jedem Bettler ein paar Euro überreichen oder bei jedem Kind lächeln, das sie sehen. Es kann auch sein, dass sie plötzlich sich selbst annehmen können, über Ihre vermeintlichen „Fehler“ lachen und weniger streng mit sich sind. Dies entspannt Sie, macht Sie lockerer und fröhlicher. Und auf diese Weise werden Sie Ihre Arbeit leichter bewältigen können, nicht mehr so gestresst sein, weniger aufreibende Konflikte erleben, insgesamt ausgeglichener sein. So kann sich Ihr berufliches Laben nach und nach wandeln.

Und das Beste: Es ist schon geschehen! Die Verwandlung hat begonnen mit dem ersten Punkt, den Sie real oder im Geiste gesetzt haben. Sie haben einen starken Impuls gesetzt. Die Matrix tut viel für Sie, um dieser Botschaft nachzukommen. Freuen Sie sich darüber, dass es schon jetzt soweit ist.

Kurzanleitung zum Matrix-Spiel

Anleitung zum göttlichen Spiel in der Matrix

Erkenne dich als Licht! Und dann fühle dort,
wo dein Herz schlägt, das Pulsen.
Dort ist magnetische, unwiderstehliche
Energie.

Erkenne dich als Licht! Und dann entfalte
zwischen den Spitzen deiner Zeigefinger eine
Verbindung. Wenn zwei Punkte,
die auseinanderstehen,
sich verschränken, faltet sich der Raum.

Erkenne dich als Licht! Und dann tanze
mit den Elementen, die aus dem gleichen Stoff
sind wie du. Noch bevor es sich materialisiert,
setze den Impuls.

Erkenne dich als Licht! Und dann siehe vor deinen
leibhaftigen Augen das Oszillieren des Raums.
Alles ist in stetiger Bewegung, alles ist Potenzial,
auch du.

Und deshalb
erkenne dich als Licht.

(nach Alastair Reid, inspiriert von Gabriele L. Rico)

Danke

Zuallererst möchte ich von Herzen Richard Bartlett, Gregg Braden und Frank Kinslow danken. Sie erforschten das Potenzial des Quantenfelds und lassen uns an ihren Ergebnissen und ihren Erfahrungen teilhaben, was ein Segen für uns alle ist.

Für inspirierende Gespräche danke ich Armin Burkard Kiy.

Eugen Simon danke ich dafür, dass er mich auf meiner Reise viel Gepäck hat ablegen lassen.

Dank an meine Netzwerke und (Spiel-)Gruppen, die sich aus Seminaren ergeben haben, die ich besucht habe. Ihr habt mir wunderbare Rückmeldungen gegeben, und euer Hintergrundwissen aus vielen Gebieten bereicherte mich.

Meiner Lektorin und Verlegerin Saskia Schulte für ihr Vertrauen in meine Fähigkeit, dieses Buch zu schreiben, und das mehrfache geduldige Überarbeiten des Textes.

Bleibt mir nun, Ihnen, liebe Leser, zu danken. Ohne Sie könnte ich mir meinen Wunsch nicht erfüllen, etwas von der Fülle, dem Reichtum und dem Erfolg, den ich empfinde, weiterzugeben.

Dieses Buch sollte Sie inspirieren, anregen, neugierig machen. Es ist sicher nicht der Weisheit letzter Schluss, doch konnte es Sie vielleicht inspirieren. Das Leben muss keine beschwerliche Reise sein. – Ich jedenfalls wünsche Ihnen eine angenehme, leichte, amüsante Fahrt, bei der Sie schon den Weg schon so sehr genießen, dass die Ziele wie nebenbei erreicht werden.

Kommentiertes Literaturverzeichnis

Allione, Tsültrim: Den Dämonen Nahrung geben. Buddhistische Techniken zur Konfliktlösung. Mit einem Vorwort von Jack Kornfield. Goldmann Arkana 2009. *Die ehemalige tibetische Nonne und heutige Lehrerin bietet dem westlichen Leser eine alte tibetische Technik zum Mitmachen und Nachmachen an, die ihm hilft, sich von Konflikten aller Art sanft zu befreien. Ein Buch, das Frieden im Inneren und Äußeren schafft.*

Ablass, Werner: Spielen statt kämpfen. No One Verlag 2010. *Eines der vielen wundervollen Bücher vom Advaita-Lehrer und spirituellen Business-Coach Werner Ablass. Beim Lesen schaltet der Verstand aus und das, was ist, wird sichtbar. Die Themen Kampf und Erfolgsstress klären sich, sodass freies, unbefangenes, egoloses Spielen möglich wird.*

Ashley-Farrand, Thomas: Heilende Mantras: Klang-Medizin für Persönlichkeitswachstum, Kreativität und Gesundheit. Goldmann Verlag 2003. *Ein für den Menschen im Westen ausgearbeitetes Konzept der Anwendung von Mantras im Alltag und zur Erreichung von Zielen.*

Bartlett, Richard: Matrix Energetics. Die Kunst der Transformation: Radikale Veränderung mit der Zwei-Punkt-Methode. VAK Verlag 2010. *Grundlegend für das Verständnis von ME und ein sehr guter Einstieg. Allein das Lesen dieses Buches führt die ersten Veränderungen herbei.*

Bartlett, Richard: Die Physik der Wunder. Wie Sie auf das Energiefeld Ihres Potenzials zugreifen. VAK Verlag 2010. *Das zweite Buch von Richard Bartlett führt noch tiefer in die Matrix. Auch werden weitere neue, revolutionäre Bewusstseinstechniken vorgestellt.*

Braden, Gregg: Im Einklang mit der göttlichen Matrix. Wie sie funktioniert und wie man lernt, sie anzuwenden. 2 DVDs (auch als Buch erhältlich). *Dieser Vortrag dauert circa drei Stunden und bringt den Zuschauer um Lichtjahre weiter.*

Braden, Gregg: Im Einklang mit der göttlichen Matrix. Wie wir mit allem verbunden sind. Koha Verlag 2008. *Die wissenschaftlichen Grundlagen der Matrix werden hier im Zusammenhang mit spirituellen Erkenntnissen und Techniken erläutert. Fundiert, sehr gut geschrieben und spannend! Ein Muss für diejenigen, die ganz tief einsteigen möchten.*

Bodmer, Gabriele S.: Heilige Formen des Lichts. Das Geheimnis der Lichtsprache-Grids. Schirner Verlag 2010. *Traditionelles Wissen der Curandero-Indianer, aufbereitet für den Menschen von heute. Sehr schön gestaltetes Buch, das von innen zu leuchten scheint.*

Cameron, Julia: Der Weg des Künstlers. Ein spiritueller Pfad zur Aktivierung unserer Kreativität. Droemer/Knaur 1996 (mittlerweile auch in zahlreichen Neuauflagen erschienen). *Das Standardwerk für alle Kreativen. Mit einem umfangreichen Selbsthilfeprogramm und vielen Tipps und Tricks.*

Faltin, Günter: Kopf schlägt Kapital. Die ganz andere Art, ein Unternehmen zu gründen. Von der Lust, ein Entrepreneur zu sein. Hanser Verlag 2008. *Das herkömmliche Bild der Selbständigkeit ist passé, jetzt gibt es das Buch von Professor Faltin. Pflichtlektüre für Unternehmer und Existenzgründer.*

Ferriss, Timothy: Die 4-Stunden-Woche. Mehr Zeit, mehr Geld, mehr Leben. Econ 2008. *Ein skandalös gutes Buch. Ferriss fordert zum Umdenken auf – und dazu, nicht eine Million verdienen zu wollen, sondern wie ein Millionär zu leben.*

Goswami, Amit: Das bewusste Universum. Wie Bewusstsein die materielle Welt erschafft. Lüchow Verlag 2007. *Ein Brückenschlag zwischen Physik und Spiritualität. Mit einer für Laien verständlichen Einführung in die Quantenphysik.*

Gribbin, John: Auf der Suche nach Schrödingers Katze. Quantenphysik und Wirklichkeit. Piper Verlag 2010. *Die Geschichte der Entdeckung und Erforschung der Quantenmechanik, sehr ausführlich, nachvollziehbar und anschaulich geschrieben.*

Grof, Stanislav: Vorwort. In: Rebillot, Paul und Melissa Kay: Die Heldenreise. Das Abenteuer der kreativen Selbsterfahrung. S. 11–15.

Hodgkinson, Tom: Anleitung zum Müßiggang. Der Freitag Mediengesellschaft 2009. *Für alle, die noch lernen möchten, „faul" zu sein. Ein ulkiges Konzept, das hilft, aus der Tretmühle auszusteigen.*

Ingold, Gert-Ludwig: Quantentheorie. Grundlagen der modernen Physik. C. H. Beck 2002.

Jacobsen, Olaf: Ich stehe nicht mehr zur Verfügung. Wie Sie sich von belastenden Gefühlen befreien und Beziehungen völlig neu erleben. Windpferd Verlag 2007. *Ein bewusstseinserweiterndes Buch, das Systemik und Spiritualität sinnvoll vereint. In diesem Buch findet man Erklärungen für so ziemlich alles, was zwischenmenschlich geschieht.*

Kinslow, Frank: Eu-Gefühl! Quantenheilung für ein erfülltes Leben. VAK Verlag 2011. *Lesen! Eu-Fühlen! Glücklich sein!*

Kinslow, Frank: Quantenheilung. Wirkt sofort – und jeder kann es lernen. VAK Verlag 2010. *Lesen! Die Einführung in Quantum Entrainment. Ein grundlegendes, sehr schönes Buch.*

Kinslow, Frank: Quantenheilung erleben. Wie die Methode konkret funktioniert – in jeder Situation. VAK Verlag 2010. *Ein Buch besonders für all diejenigen, die Quantenheilung zur Lebenspraxis werden lassen möchten.*

Kinslow, Frank: Suche nichts – finde alles. Wie Ihre tiefste Sehnsucht sich erfüllt. VAK Verlag 2010. *Das philosophischste und gleichzeitig berührendste Buch von Frank Kinslow. Absolut le-*

senswert und ein spirituelles Highlight! Ein Blick hinter die Kulissen der uns bekannten Erfahrungswelt.

Rebillot, Paul und Melissa Kay: Die Heldenreise. Das Abenteuer der kreativen Selbsterfahrung. BoD 2008. *Ein Praxisbuch für Mitreisende und Veranstaltungsleiter. Erklärt tiefgehend die Konzepte und die Wirkungsweisen des Prozesses. Grundlagenwerk mit detaillierten Angaben zur Durchführung.*

Röthlein, Brigitte: Die Quantenrevolution. Neue Nachrichten aus der Teilchenphysik. Dtv 2004.

Röthlein, Brigitte: Schrödingers Katze. Einführung in die Quantenphysik. Dtv 1999.

Sher, Barbara: Wishcraft. Lebensträume und Berufsziele entdecken und verwirklichen. Edition Schwarzer 2004. *Träume und Ziele im Inneren entdecken und zielgerichtet und realitätsbezogen umsetzen – darin liegt der Schlüssel zum Glück, den die Autorin mit diesem Buch überreicht.*

Singh, Karma: Die Anatomie des Glücks. Ein Kurs in praktischer Anwendung der Quantenphysik. Harmony Energy Consultants 2011. *In dieser lebensnahen Anleitung zum Manifestieren zeigt der englische Geistheiler anhand zahlreicher Beispiele, wie man in sein Leben holt, was man möchte. Das Buch ist online erhältlich unter: www.die-anatomie-des-gluecks.de*

Zeilinger, Anton: Quanten-Teleportation. In: Spektrum der Wissenschaft Dossier 01/03: Vom Quant zum Kosmos. S. 22–30.

Zitierte Internetquellen und weiterführende Links

Artikel „Atom" im Online-Lexikon Wikipedia:
http://de.wikipedia.org/wiki/Atom

Bundesministerium für Wirtschaft und Technologie:
http://www.existenzgruender.de/

EmotionScan:
http://www.emotionscan.com/?LNG=de

Erfolgsteams nach Barbara Sher (Autorin von „Wishcraft"):
http://www.erfolgsteams-online.de/Sher.html

Gedankendoping-Seminare von Eugen Simon:
http://www.gedankendoping.de/

Industrie- und Handelskammer (IHK) in Ihrer Nähe finden:
http://www.dihk.de/ihk-finder

Institut für Unternehmensgründung Nelles:
http://www.ifu-nelles.de/

Interview mit dem Politikwissenschaftler und Experten für Ein-Euro-Jobs Martin Bongards im Deutschlandradio:
http://www.dradio.de/dlf/sendungen/interview_dlf/435568/

Interview mit Frank Kinslow, geführt von Caroline Schubert:
http://www.carolineschubert.de/interview-mit-dr-frank-kinslow/

Heldenreisen und mehr bei Irgendwie anders e. V.:
http://www.irgendwie-anders.de/

Heldenreisen beim Institut für Gestalt und Erfahrung:
http://www.heldenreise.de

Homepage des Politikwissenschaftlers und Ein-Euro-Job-Experten Martin Bongards mit ausführlichem Bericht: http://bongards.gmxhome.de/berate.html

Telefonkonferenzen abhalten bei Mr. Meebl: http://www.meebl.de/

Adressverzeichnis Anwender und Seminarleiter

Hier finden Sie Adressen von Anwendern und Seminarleitern in Ihrer Nähe. Die Reihenfolge der Länder ist alphabetisch, dann wird nach Postleitzahlen sortiert. Überregionale Anbieter sind im Anschluss gesondert aufgeführt.

Zudem ist jeder Eintrag mit einem Vermerk versehen, um für Sie nachvollziehbar zu machen, ob es sich um einen zertifizierten Quantum Entrainment®* Practitioner, einen von Richard Bartlett zertifizierten Matrix Energetics Practitioner oder einen freien Anbieter handelt. Ein solcher Practitioner hat entweder bei Richard Bartlett (Matrix Energetics) oder bei Frank Kinslow (Quantum Entrainment®) eine Ausbildung absolviert, deren Inhalte von Seminarbesuchen über supervidierte Sitzungen und Studiengruppen reichen – bei Frank Kinslow ist zudem eine Prüfung vonnöten. Freie Anbieter haben sich ebenfalls intensiv mit den verschiedensten Methoden und Verfahren auseinandergesetzt und sie in ihre bisherige Arbeit (zum Beispiel als Heilpraktiker) integriert oder sogar etwas Neues daraus entwickelt.

Bitte beachten Sie, dass die Angaben der Anbieter nicht vom Verlag überprüft werden können. SavitaBooks übernimmt keine Haftung für die Inhalte oder die Professionalität des jeweiligen Anbieters. Wenn sie selbst Sitzungen und/oder Seminare anbieten und in dieses Verzeichnis aufgenommen werden möchten (es wird immer wieder aktualisiert), wenden Sie sich bitte an den Verlag per E-Mail: *mail@savitabooks.de* oder per Fax unter der Nummer *0221/79076-2330*. Vielen Dank.

Stets aktuelle Verzeichnisse von Practitionern und weitere Informationen zu Matrix Energetics (Richard Bartlett) und Quantum Entrainment® (Frank Kinslow) finden Sie auf den folgenden Internetseiten.

---

* Quantum Entrainment® ist eine international registrierte Wortmarke von Frank Kinslow und der VAK Verlags GmbH

Die Homepage von Matrix Energetics (Richard Bartlett)

www.matrixenergetics.com

Dort finden Sie auch eine Liste mit zertifizierten Practitionern auf der ganzen Welt:

www.matrixenergetics.com/cp-listing.aspx

(Unter dem Menüpunkt „Search a location" gibt es eine Länderauswahl.)

Seminartermine finden Sie unter:

www.matrixenergetics.com/Seminars.aspx

Seminartermine im deutschsprachigen Raum finden Sie unter:

www.matrix-info.eu

Auch gibt es im deutschsprachigen Raum zwei StudyGroups, einmal geleitet von Ulrike und Udo Gramlich (Offstein, Frankfurt, Kirchzarten) und einmal geleitet von Ralph Heber (Neu-Ulm und München). In StudyGroups können Sie Ihre Kenntnisse und die Ausbildungsinhalte für den Practitioner vertiefen. Hier die Internetadressen:

www.UlrikeundUdoGramlich.de (Ulrike und Udo Gramlich)

www.matrixarts.de (Ralph Heber)

Die Homepage von Quantum Entrainment® (Frank Kinslow)

www.quantumentrainment.com/

Zertifizierte Quantum Entrainment® Practitioner in Europa finden Sie auf der Homepage des VAK-Verlags. Im VAK-Verlag sind auch Kinslows Bücher in deutscher Sprache erschienen, die in jeder Buchhandlung bestellbar sind.

www.quantenheilung.info/zertifizierte_practitioner/

(Links auf der Seite finden Sie auch den Menüpunkt „Kurse und Veranstaltungen“, wenn Sie nachschauen möchten, wann Frank Kinslow in Deutschland, Österreich oder der Schweiz wieder ein Seminar abhält.)

Außerdem gibt es ein deutschsprachiges Forum, auf dem sich Interessierte und Anwender von Quantum Entrainment® austauschen:

www.quantumentrainment-forum.de

Deutschland

Postleitzahlenbereich 0	
06484 Quedlinburg	**Freie Anbieterin**
Lichtzentrum Shara'Alina Spirituelle Lebensberatung und geistiges Heilen Marion Kohlmann Wallstraße 11 a 06484 Quedlinburg 03946/9798879 0152/53193254 beratung@kolima.de www.lichtzentum-shara-alina.de	Spirituelle Lebensberatung, Kartenlegen, Aura-Chakra-Lesen, Matrix Energetics®, Heiler der neuen Zeit, Ursprungsbotschafterin, Reiki-Lehrerin/-Meisterin, Engelmedium, Bioenergietherapeut. Ich führe mit meinen Klienten Beratungen durch, um ihnen den Weg zu sich selbst zu zeigen. Oft ist es dafür notwendig, Energieimpulse zu setzen, damit der Mensch die notwendigen Schritte unternehmen kann, um die anstehenden Themen des Lebens zu bewältigen. Eine sehr schnelle und äußerst hilfreiche Methode hierbei ist Matrix Energetics. Mit Matrix Energetics können Denkblockaden und überholte Muster schnell und effektiv aufgelöst werden.

Postleitzahlenbereich 1	

Berlin	Freie Anbieterin
Heilpraktikerin für Psychotherapie Silvia Ehl Berlin 030/4439139 Silvia.Ehl@gmx.de www.seelenreisen.eu	Seminarleiterin für Matrix und Quantenheilung, Seelenreisen, Workshops für Kinder und Jugendliche Rückführungstherapie, Quantenheilung. Mein Anliegen ist es, Sie in Ihrer Fähigkeit zur Selbstheilung zu unterstützen, Ihnen Werkzeuge an die Hand zu geben, wie Sie selbst die Erfahrung machen dürfen, daß Heilung von innen und oft auch mühelos geschehen darf. Die Hindernisse und Blockaden die wir im Leben durch unsere Glaubenssätze, erlernte Verhaltensweisen und Denkmuster selbst erschaffen, werden JETZT lösbar. Leicht zu erlernende Techniken der Selbstheilung geben Ihnen die Möglichkeit, Ihr Potential an Leichtigkeit und Lebensfreude in Ihrem Leben zu entfalten.

10717 Berlin-Wilmersdorf	Freier Anbieter
Praxis für Naturheilkunde Raj Leopold Homöopathie – geistiges Heilen – Familientherapie Holsteinische Straße 44 10717 Berlin-Wilmersdorf 030/86008307 0171/9597748 raj.leopold@googlemail.com www.geistheilung-leopold.de	Heilpraktiker mit Schwerpunkt „geistiges Heilen". Ich helfe erfolgreich, die Selbstheilungskräfte zu aktivieren. Nähere Informationen finden Sie auf meiner Webseite.

12103 Berlin	Freie Anbieterin
Praxis ALOHA Silvia Lange Schönburgstraße 10 12103 Berlin 0171/4225132 matrixenergetics_silvia@yahoo.de www.matrixenergeticssilvia.de	Ich danke für das großartige Geschenk der Quantenheilung, die 2-Punkt-Methode ist eine einfache Art positive Veränderungen in seinem Leben herbeizuführen. Ich bin seit 2009 Practitioner mit Matrix und arbeite seit Jahrzehnten mit Lomi Lomi, Reiki und spiritueller Lebensberatung.

12205 Berlin	Freie Anbieter
Dr. med. Viktoria Rosenbach/ Ulrike Contzen Praxis für Kinesiologie, TCM, Homöopathie und QE Freiwaldauer Weg 36 12205 Berlin 030/81299663 / -2 www.tcm-steglitz.de	Wir sind eine Praxis, die den Brückenschlag schafft von Naturheilkunde zur konventionellen Medizin. Dabei bedienen wir uns nach Möglichkeit ausschließlich der zahlreichen Methoden der energetischen Medizin und versuchen auch bei chronischen Krankheiten Alternativen aufzuweisen.

12589 Berlin	Freie Anbieter
Matrix Genesis Schule Wolfgang Meißner Fürstenwalder Allee 70 12589 Berlin 030/91688236 berlin@matrix-genesis.de www.matrix-genesis.de www.matrix-genesis.com	Matrix Genesis – Hilfe zur Selbsthilfe Ausbildung – Spezial-Workshops – Einzelcoaching Langjährige Erfahrung im Coaching

12555 Berlin	Freie Anbieterin
Heilpraxis Heike Voss Kietz 23/24 12555 Berlin 030/65075354 info@heikevoss.de www.heikevoss.de	Heilpraktikerin, Ausbildung als TCM-Therapeutin und Omega Coach, Matrix Energetics und Quantenheilung. Schwerpunkt ist die Arbeit mit dem Unterbewusstsein und das Lösen von schmerzlichen Blockaden auf physischer und psychischer Ebene.

Postleitzahlenbereich 2	

20149 Hamburg	**Zertifizierter Matrix Energetics Practitioner**
change your COLOUR Karoline Vöge Alsterkamp 24 20149 Hamburg 040/729 626 67 www.changeyourcolour.de	Gesundheits- und Hypnose-Coach Matrix Practitioner, zertifiziert von Dr. Richard Bartlett

21075 Hamburg	**Matrix Energetics Practitioner**
Medium, Engeltherapeutin, Heilwerkerin & Matrix Energetics Practitioner Verena Brenner Alter Postweg 10 21075 Hamburg Telefon: 040/ 76794096 queenofsheba@freenet.de www.verenabrenner.vpweb.de	Lassen Sie Ihr Licht erstrahlen und genießen Sie Ihren Weg der Transformation. Als Wegbegleiterin unterstütze ich Sie liebevoll bei der Auflösung Ihrer Muster und zeige Ihnen den Weg, wenn Sie ihn nicht sehen können. Methoden: Beratung, Coaching, Martix Energetics (nach Dr. Richard Bartlett), Reiki, diverse Heilsysteme

21647 Moisburg	**Zertifiizierter Quantum Entrainment Practitioner**
Melanie Rosenkranz Twiete 6 21647 Moisburg 04165/829323 melanie-rosenkranz@online-home.de	

22397 Hamburg	**Freie Anbieterin**
WUNDERWERK Christiane Lato Papenhörn 7 22397 Hamburg 0176/61014268 www.wunderwerk-hamburg.de info@wunderwerk-hamburg.de	2-Punkt-Transformation Astrologie Unmittelbare Transformation© nach Ariel & Shya Kane Einzelcoachings, Workshops, Seminare

22767 Hamburg	**Zertifizierter Practitioner für Quantum Entrainment**
Caroline Schubert 22767 Hamburg 040.29899128 0176.24492226 www.Carolineschubert.de	Zertifizierter Practitioner für Quantum Entrainment (nach Frank Kinslow). Coach für The Work of Byron Katie (anerkannt vom Verband für The Work). Interview mit F. Kinslow (Kirchzarten 2010) auf der Webseite www.Carolineschubert.de

22889 Tangstedt-Wilstedt	**Freie Anbieterin**
AMNEC AshnaMeta New Energy College – well balanced in beauty & soul – Johanna-Merete Creutzberg Henstedter Weg 19 22889 Tangstedt-Wilstedt 04109/252346 (AB)	Ich/Wir bieten Ihnen Matrix Energetics® nach Dr. Richard Bartlett maßgeschneidert auf IHRE persönlichen Bedürfnisse, in der NEUEN Energie und nennen diese Behandlung: multidimensional alignment. Zur „aktiven" Matrix Behandlung bieten wir die „passive" SoulBodyFusion®-Behandlung an. Lassen Sie sich kostenlos informieren.

23669 Timmendorfer Strand	**Zertifizierter Matrix Energetics Practitioner**
Dr. med. Günther Bauer FA für Allgemeinmedizin, Hömöopathie und Naturheilverfahren,Hypnotherapien Bergstr.2 23669 Timmendorfer Strand 04503-4098 mail@DrBauer.info www.DrBauer.info	Erster von Dr. Bartlett in ME certifizierter Arzt Europas, seit 2008 über 1000 medizinisch dokumentierte Matrix-Einzelbehandlungen. Auch in Kombination mit QE, Deep Field Relaxation Clif Sanderson, Trance, Rückführung, NLP, Innere Kind Arbeit, Aura usw.

24103 Kiel	**Certified-Matrix-Energetics®-Practitioner** **Certified-Quantum-Entrainment®-Practitioner**
Kirsten Stumper Buchladen Mittendrin Herzog-Friedrich-Straße 46 24103 Kiel 0431-241326 0431-63999 tiamara@web.de www.quantum-relaxed.de	Quantum-Relaxed, Meditation, Entspannung, Energiearbeit, Workshops, Gruppen- und Einzelarbeit, Einzel-, Fern- u. Telefon-Sessions. Seit über 20 Jahren unterstütze ich Menschen auf ihrem Weg zu sich selbst mit div. Aspekten des Reinen Seins, wie u. a. Engel, Lichtwesen etc. Seit 2009 bereichern Quantum Entrainment® /QE® und Matrix Energetics® /ME®, meine Arbeit. Quantum Entrainment®: Einfachheit , Stille und tief entspannendes, heilsames Eintauchen ins Reine Gewahrsein. Matrix Energetics®: Spielen mit unendlich vielfältigen, genialen, kreativen Möglichkeiten, die zutiefst transformierend wirken.

25355 Barmstedt	**Zertifizierter Quantum Entrainment® Practitioner**
Forum am Fluss Seminarhaus – Praxis Helga Schlüter-Jukas Austraße 7 25355 Barmstedt 04123/9222800 info@forum-am-fluss.de www.forum-am-fluss.de	Reiki-Meisterin, Heilerin, spirituelles, mentales Coaching, Zertifizierter Quantum Entrainment® Practitioner durch Dr. Frank Kinslow

25551 Hohenlockstedt	**Matrix Energetics Practitioner nach Dr. Richard Bartlett**
Colour-Coaching Kerstin Rohwer Ridders 31 25551 Hohenlockstedt 04826/5095 info@colour-coaching.de www.colour-coaching.de	Mittlerweile habe ich ein eigenes Konzept entwickelt und verbinde eigene Erfahrungen, Methoden und Möglichkeiten von Aura-Soma und Matrix Energetics in meinen Coachings.

26123 Oldenburg	Freier Anbieter
Akademie für QEF-Quantenheilung & Holistische Quanten-Kinesiologie Matthias Weber Donnerschweer Str. 54 26123 Oldenburg 0441/8859794 office@quantenheilung-erleben.de www.quantenheilung-erleben.de www.die-kinesiologie-ausbildung.de	QEF (Quantum Energy Flow) von Matthias Weber basiert auf der traditionellen hawaiianischen Zwei-Punkt-Methode, der Transzendenz- und Schöpfungskraft-Arbeit, sowie den quanten-physikalischen Ansätzen der Chiropraktiker Dr. Richard Bartlett (Autor von „Matrix Energetics") und Dr. Frank Kinslow (Autor von „Quantenheilung"). Die Methode wird in einem Practitioner-Seminar (2,5 Tage) intensiv trainiert. Herr Weber bietet auch Einzelsitzungen an.

27777 Ganderkesee	Freie Anbieterin
PHÖNIX-QUEST Institut für angewandte Holistisch-Geistige Methoden der Regeneration und Steuerung der Realität Marlies Gisela Müller Grüppenbührener Straße 88 27777 Ganderkesee 04222/20 98 32 FAX 20 98 33 0176- 562 00 955 Info@MariellaM.de www.MariellaM.de	HEILERIN, Gesundheitspraktikerin, Quantum-Touch Therapeutin, Reiki Lehrerin – MultiSysteme, Selbsthilfe-Seminare, ganzheitliche Gesundheitsberatung und HEILbehandlungen für Mensch und Tier, Huna-Matrix-Energetics, REIKI und Spezialthemen (Clearing, Rückführung, Rückverbindung, Channeling), Lichtarbeit, Geistige Heilung und Russische Methoden der Regeneration und Steuerung der Realität (Göttliche Matrix)

29559 Wrestedt	Freie Anbieterin
Silke Schrader Lindenstr. 39 29559 Wrestedt 05802/970660 www.Silke-Schrader.de	Heilerin & Life Coach, zertifizierte Aufrichtungstherapeutin Quantenheilung, Soul Body Fusion, Aufrichtung, Life Coaching Einzelsitzungen, Workshops und Seminare Verschiedene Matrix-und Quantenphysiktechniken Russische Heiltechniken nach Grabovoj

Postleitzahlenbereich 3	

30171 Hannover	**Certified Quantum Entrainment Practitioner**
Quantrix Klaus Franke Kortumstraß 8 30171 Hannover 01712835411 premvan@t-online.de	Certified QE-Practioner Reiki Master Pheet-Practioner

30659 Hannover	**Freie Anbieterin**
Heil-und Energiearbeit Liana Lohmannn Heidkampsee 35 30659 Hannover 0511/6479521 0175/2967270 lohmann.l@gmx.net	Nicht alles ist Schicksal. Unsere Gedanken, bewusst oder unbewusst, bestimmen unsere Erfahrungen und somit auch die Zukunft. Gern helfe ich Ihnen, „bewusst" Ihre Zukunft zu gestalten. Anwendung von ME mit der Hilfe von „Oben" ist eine wunderbare Methode dafür.

31141 Hildesheim	**Zertifizierter Matrix Energetics Practitioner**
Zentrum für Lebensbegleitung und Naturheilkunde GbR Ralf und Petra-Susanne Baars Hohe Rode 20 31141 Hildesheim 05121/286763 www.feenlinie.de info@feenlinie.de	Heilpraktiker, Schamane, Quantenheilung Einzelsitzungen, Telefontermine, Seminare/ Training

32278 Kirchlengern	Quantum Entrainment® Practitioner
Heilerin / Heilmedium Susanne Giljohann Hagedorner Str. 76 32278 Kirchlengern Tel.: 0178 904 2331 giljohanns@yahoo.de www.reinesbewusstsein.com	Heilerin / Heilmedium Susanne Giljohann, Quantum Entrainment® Practitioner (Quantenheilung nach Dr. Frank Kinslow), Reconnective Healing® Practitioner und The Reconnection® nach Dr. Eric Pearl, Psychokinesiologie nach Dr. Klinghardt, Mentaltraining, Coaching, Clearing, Seelenkommunikation, Einblicke in frühere Leben sowie mediale Lebensberatung. Seit über 20 Jahren spirituelle Begleiterin für viele Menschen.

35792 Löhnberg	Certified Matrix Energetics® Practitioner
QUANTUM SOLUTIONS Anja Jung Selbenhäuserstr. 2a 35792 Löhnberg info@quantum-solutions.de www.quantum-solutions.de	Berater | Coach | Quanten-Player Certified Matrix Energetics® Practitioner by Dr. Richard Bartlett QuantumEntrainment™ Lesen im Morphischen Feld

37085 Göttingen	Zertifizierter Quantum Entrainment® Practitioner
Heilpraxis Andrea Fricke Herzberger Landstr. 25a 37085 Göttingen 0551-37099895 info@andreafricke.de www.andreafricke.de	Ich bin Heilpraktikerin mit den Therapieschwerpunkten: Kinesiologie, Naturheilverfahren und Persönlichkeitsentwicklung. Seit September 2010 bin ich von Dr. Frank Kinslow zertifizierter Quantum Entrainment® Practitioner und beginne jede Sitzung mit QE.

38114 Braunschweig	Quantum Entrainment (Quantenheilung) Practitioner®
Genial-leben.de Annegret Miltz Hamburger Str. 257 38114 Braunschweig info@genial-leben.de www.genial-leben.de	Quantenheilung bietet Ihnen den Schlüssel, scheinbar Unmögliches wahr werden zu lassen.

38179 Schwülper OT Rothemühle	**Zertifizierte ME-Practitionerin (nach R. Bartlett)**
Kerstin Niehoff Schäferkamp 12 38179 Schwülper OT Rothemühle 05303/6712 KerstinNiehoff@t-online.de	Intensivfachschwester, Heilpraktikeranwärterin Chinesische Quantummethode Einzel- und Fernanwendungen, Telefonsitzungen

38474 Tülau	**Freie Anbieterin**
GlücksSchmiede NaLiGoQu Nanette Quilitz Steimker Straße 3+5 38474 Tülau 05833/3729776 nanettequilitz@naligoqu.org www.naligoqu.org	NaLiGoQu – Natürliche Liebe aus Gottes Quelle In der GlücksSchmiede NaLiGoQu können die Teilnehmer erlernen, bewußt ihr eigener GlückesSchmied zu sein. Ich biete in EinzelCoachings: MatrixAnwendungen, Matrix Massagen, MatrixMeridianHarmonisierungen, Kurse in MatrixMalerei & vieles mehr an.

39108 Magdeburg	**Freie Anbieterin**
„AAVALON" – Quell der Heilung / Refugium für Ruhe und Heilungsuchende / Produkte zur Steigerung von Lebensfreude und -Qualität Inh. Christiane Pung Arndtstr. 56 39108 Magdeburg 0391/55758753 0173/9230856 www.aavalon-chpung.de info@aavalon-chpung.de	Das i-Tüpfelchen meiner Ausbildung war die zum zertifizierten Quantum Entrainment® Practitioner. Ich habe jahrelange Erfahrung in energetischen Heilweisen und Meditationstechniken. Bin Reiki-Meisterin/-Lehrerin, Aurabalancer, Klangschalentherapeutin und gebe Einzelsitzungen, Gruppenabende, Wochenendseminare und betreue im Krankenhaus nach Bedarf. Besonderes Augenmerk liegt auf Ganzheitlichkeit und Hilfe zur Selbsthilfe.

Postleitzahlenbereich 4	

42283 Wuppertal	**Certified Quantum Entrainment Practitioner**
Praxis Dr. med. Christiane Rebensburg Erlenstraße 1 42283 Wuppertal 0202/448220 info@praxis-rebensburg.de www.praxis-rebensburg.de	Ärztliche Privatpraxis mit den Schwerpunkten Psychotherapie/Traumatherapie und Methoden der Selbsthilfe

42799 Leichlingen (Raum Köln/Düsseldorf)	**Quantum-Entrainment Practitioner**
Praxis für Bioenergetik Miriam von Niswandt Sternstr. 28 42799 Leichlingen 02175/168401 praxis.v.niswandt@gmx.de	Kinesiologin, Bioenergetikerin Methode SELBSTBLICK© (Selbstheilung durch Ursachenerkennung und Perspektivwechsel)

47441 Moers	**Freie Anbieter**
Wave ME Nicole Rahr Hombergerstraße 160 47441 Moers 02841/9980181 info@umuriel.com www.umuriel.com	Wir sind eine Gruppe von fünf Personen (bestehend u. a. aus Heilpraktikern, Pädagogen, Practitionern), denen es eine Herzensangelegenheit ist, die Methode der Quantenheilung weiter zu geben und viele Menschen daran teilhaben zu lassen. Wir bieten „(Ver)Wunderabende" an, um die Methode und uns kennenlernen zu können. Darüber hinaus gibt es ein fortlaufendes Angebot. Wir freuen uns auf Sie und das gemeinsame Erleben magischer Wunder!

49393 Lohne	**Quantenheilung Practitioner nach Dr. Frank Kinslow**
Heilpraktikerin für Psychotherapie Renate Schick Rotkehlchenweg 3 49393 Lohne 04442 720692 renate@familieschick.net	

Postleitzahlenbereich 5	

50170 Kerpen	**Matrix Energetics Certified Practitioner**
Anette Seidler Geilrather Weg 19 a 50170 Kerpen 0 22 73 - 587 586 01 73 - 274 88 77 Matrix-Energetics@anette-seidler.de www.Play-the-Matrix.de www.Anette-Seidler.de	Anette Seidler ist ein von Dr. Richard Bartlett ausgebildeter Matrix Energetics Certified Practitioner. Sie spielt schon seit über 14 Jahren erfolgreich das Matrix- Spiel. Steigen Sie ein in die Matrix und spielen Sie mit. Aber Vorsicht, es könnte nach dem Spiel nichts mehr in Ihrem Leben so sein, wie es vorher war!

50259 Pulheim	**Matrix Energetics® Practitioner**
AllerleyRaum Praxis für Psychosynthese, systemische Paar-, Familien- und Sexualtherapie Sylvia Götting Heilpraktikerin (Psychotherapie) Blumenstraße 9 50259 Pulheim (0 22 38) 93 96 20 (01 79) 7 49 08 07 www.allerleyraum.de allerleyraum@t-online.de	Matrix Energetics® erlaubt eine sinnvolle Erweiterung der psychotherapeutischen Tätigkeit, insbesondere in meiner Arbeit mit Aufstellungen, bei denen ich sowieso überwiegend intuitiv arbeite und alles mit einbeziehe, was ich wahrnehmen und sinnhaftig einordnen kann.

50259 Pulheim	Matrix Energetics®-Pracitioner
RAUM FÜR HEILUNG Martina Mante (Heilpraktikerin) Bachstraße 1 50259 Pulheim 02238/300143 mantetina@freenet.de www.raum-fuer-heilung.com	Ich bin Heilpraktikerin und Matrix Energetics®-Pracitioner mit Schwerpunkt Craniosacrale Körpertherapie, Hypnotherapie und NLP-Coaching. Mit Matrix Energetics® biete ich Menschen eine faszinierende Möglichkeit, ihre individuellen Herausforderungen positiv zu beeinflussen und ganz bewusst zur körperlichen, emotionalen und persönlichen Weiterentwicklung zu nutzen.

50667 Köln	Matrix Energetics®-Practitioner
Marie Skorcik Hohe Str. 14 Mutter Erde 50667 Köln 0221-1696349 0176-43043916 seelenfluesterin@netcologne.de www.heil-verzeichnis.de/marie.skorcik	Quantenheilung – Master, russische Heiltechniken nach Gregorij Grabovoij, Medium Ich freue mich auf Menschen, die bereit sind, neue Wege zu gehen und fühlen, dass es noch mehr gibt. Herzlich willkommen!

50678 Köln	Certified Quantum Entrainment® Practitioner
MEDI-Balance® – Harmonie für Körper, Geist und Seele Reinhard Stief Josephstraße 31–33 50678 Köln 0221 / 888 46 48 info@medi-balance.de www.medi-balance.de	Heilpraktiker, Dipl,-Sportlehrer und Sporttherapeut Lehrer für Pranic Healing® n. Choa Kok Sui, Reiki-Meister, Touch for Health® Instructor, Practitioner der Energetischen Psychologie n. Gallo

50733 Köln	Freie Anbieterin
xi-balance Bärbel Skiba Viersener Str. 16 50733 Köln 0221 739 03 56 0176 22 65 99 46 barbaraskiba@yahoo.com www.xi-balance.de	Aufspüren und sanftes Korrigieren von psychischen und körperlichen Blockaden und deren Wechselwirkungen mit den Methoden der Kinesiologie und Matrix Energetics. Unterstützung und Begleitung von psycho- und körpertherapeutischen Maßnahmen.

50968 Köln	Freie Anbieterin
Quanten-Matrix-Transformation Carmen E. J. Zarek Hitzelerstr. 77 50968 Köln 0221.387601 0179.6030858 czarekcologne@aol.com	MATRIX ENERGETICS NACH DR. RICHARD BARTLETT: Die Kunst der Transformation, radikale Veränderung mit der Zwei-Punkt-Methode. QUANTEN HEILUNG DR. KINSLOW ist eine schnelle, sanfte und wirkungsvolle Methode. Die Quantum-Entrainmement-Methode wirkt lange nach der Sitzung: sie ist ausgleichend und löst sanft Blockaden aus. Beim Impulsgeber oder Behandler wie auch beim Empfänger fördert sie ein Bewusstsein für Heilung. QCT nach Andrew Blake: Schafft eine klare Struktur,diese Methode schnell und spielerisch zu erlernen und im Alltag effektiv einzusetzen.

51147 Köln	Freie Anbieterin
MaQuaMak© Marlis Anna Krieger Wiesenweg 34 51147 Köln 02203/368620 marlis.krieger@yahoo.de www.MaQuaMak.de	Matrix – Quantenheilung • Blockaden beseitigen • Schmerz reduzieren • Energien ausgleichen • Coaching

51467 Bergisch Gladbach	**Freie Anbieterin**
Vera Brodbeck Praxis für energetisches Heilen Altenberger-Dom-Str. 170 51467 Bergisch Gladbach Tel. 02202 / 10 47 52 info@vera-brodbeck@ gmx.de www.vera-brodbeck.de	Energetische Heilbehandlungen, VinaMassage, Matrix-Energetics bzw. Matrix Inform nach Heede, neue russische Heilweisen. Mitglied im Dachverband geistiges Heilen.

52062 Aachen	**Freie Anbieterin**
VITAL – DIE HEILPRAXIS Ganzheitliche Gesundheit Gabriela Grotke Annuntiatenbach 45 52062 Aachen TEL 0241. 870153 info@heilpraxis-grotke.de www.entfalten-Sie-sich.de	Heilpraktikerin, Therapeutin & Coach für Integrierte Lösungsorientierte Psychotherapie (ILP®), Hypnosetherapeutin n. Erickson, MATRIX-Anwenderin (n. Heede und Dr. Bartlett), Sexualpädagogin, Ernährungsberaterin MATRIX- Einzelbehandlungen & -Seminare zu ALLEN Themen Ihres Lebens. Alles ist möglich – wenn wir es für möglich halten!

53332 Bornheim	**Zertifiziert von Dr. Frank Kinslow als Quantum Entrainment Practitioner**
Praxis für EFT und Quantenheilung Marion Dell Königstraße 50 53332 Bornheim 02222/923304 info@marion-dell.de www.marion-dell.de	Heilpraktikerin mit Schwerpunkt Quantenheilung und EFT.

53359 Rheinbach	Freie Anbieterin
„Coaching mit Herz" Christiane Rüterbories Meerkatz 22 53359 Rheinbach 02226/14116 chrruet@googlemail.com www.heilende-impulse.jimdo.com (Energetisches Coaching) www.quanten-bewusstsein.jimdo.com (Seminare)	„Coaching mit Herz" Ich biete sowohl Seminare zum Thema Matrix- und Quantenheilung als auch lösungsorientiertes Kurzzeitcoaching. In ein bis drei Sitzungen lösen Sie in Leichtigkeit und ohne Dramen Ihre Themen, die Sie belasten. Quantenreleasing ist eine kraftvolle Technik, mit der Sie Ihr Leben transformieren.

53547 Breitscheid	Freie Anbieterin
Praxis für energetisches Heilen Doris Starke Neue Str. 26 53547 Breitscheid Tel. 02638 / 947888 Fax. 02638 / 9478500 info@praxis-dorisstarke.com www.praxis-dorisstarke.com	Medium, spirituelle Lehrerin, energetische Heilerin, Lebensberatung, Engelarbeit, Künstlerin

53639 Königswinter	Freie Anbieterin
Lebensfreude & Leichtigkeit Barbara Hilche Im Stebich 21 53639 Königswinter Telefon: 02244 / 874398 barbara-hilche@email.de www.barbara-hilche.de	Stille und Inneren Frieden finden: • Coaching mit der Zwei-Punkt-Methode • Seminare und Workshops zur Zwei-Punkt-Methode: • Basis-Methode (für Beginner) • Essenz des Bewusstseins und erweiterte Anwendungen (für fortgeschrittene Anwender) • Themenworkshops (Gesundheit, Abnehmen, Beziehungen, Erfolg) Qualifikationen: Diplom-Ökotrophologin und Zusatz-Ausbildungen in Hypnose, EFT®, Zwei-Punkt-Methode

53879	Freie Anbieterin
DaMakQua – Matrix Quantenheilung Bärbel Dahlen 02251/61437 baerbel.dahlen@yahoo.dewww.DaMakQua.de	• Blockaden beseitigen • Schmerz reduzieren • Hilfe zur Selbsthilfe • Verbindung von Matrix und Quantenheilung mit schamanischen Heiltechniken

54570 Berlingen	Freie Anbieterin
Praxis für Energetisches Heilen Sigrid Warneke Im Kamerech 17 54570 Berlingen 06591-7616 Fax 06591-983343 kontakt@seelenflamme.de www.seelenflamme.de	Neben der wirkungsvollen und schnellen Soforthilfe bei allen körperlichen sowie seelisch-geistigen Missempfindungen und Krankheiten liegt als zweiter Schwerpunkt meiner Tätigkeit die Bewusstseinsarbeit. Hierdurch erreichen Sie eine gelassene, freudvolle und erfolgreiche Lebensführung. Ich führe Einzelsitzungen nach Terminabsprache durch, halte Vorträge und gebe Seminare.

55444 Seibersbach	Freie Anbieterin
Himmel und Erde verbinden 2-Punkt-Methode – mediales Quanten Frau Leela Strauß-Vogel Autishof 5 55444 Seibersbach 06724/601344 www.buntewelten.com buntewelten@online.de	Besonderes Konzept: Mediales Quanten verknüpft mit verschiedenen energetischen Methoden wirkt hoch effektiv und umfassend. Arbeit vorrangig per Telefon. Seminare in Kleingruppen bis zu sechs Personen.

Postleitzahlenbereich 6	

60385 Frankfurt am Main	Zertifizierter Matrix Energetics® Practitioner
Brigitte Nolting Wiesenstrasse 7 60385 Frankfurt am Main Telefon: 069 – 45 55 91 brinolting@web.de	Zertifizierter Matrix Energetics® Practitioner Einzelsitzungen und Fernwendung, Tiere Assessorin jur. und Coach Meridian-Energie-Technik

61462 Königstein/Ts.	**MatrixEnergetics®-Practitioner**
Naturheilpraxis Cornelia Scholz Oberstraße 2 61462 Königstein/Ts. 06173/2602 www.cornelia-scholz-heilpraktikerin.de	Gesundheit – Liebe – Anerkennung – Geld Als MatrixEnergetics®-Practitioner biete ich Ihnen in Kombination mit den TimeWaver® die Möglichkeit, alle zur Erfüllung Ihrer Wünsche nötigen Informationen in Ihre „Reines Bewusstsein" einzuschwingen. Für Menschen/ Tiere/Pflanzen/Gebäude. Die Möglichkeiten werden nur durch Ihre Fantasie begrenzt.

63075 Offenbach	**Freier Anbieter**
Institut Morgana Quanten-Matrix-Welle Jochen Kalmbacher Am Klingenrain 17 63075 Offenbach 069/867 111 91 www.institut-morgana.de info@institut-morgana.de	Institut für keltische Naturheilkunde, Reiki und HUNA-Schamanismus Seminarzentrum für Energien der neuen Zeit Lebensberatung über Pendel und die keltischen Karten

63303 Dreieich	**Matrix Energetics® Practitioner**
Schamanische Lichtkörperarbeit Torsten Buder Forsthausstr. 26 63303 Dreieich 0171 - 3425175 info@torsten-buder.de www.torsten-buder.de	Ich liebe und lebe die Verbindung meiner Schamanischen Arbeit mit der Faszination der Quantenphysik. Durch meine Ausbildung zum Matrix Energetics® Practitioner und zur Quantenheilung nach F. Kinslow erlebe ich die Arbeit mit meinen Klienten auf eine vollkommen neuen Ebene.

63743 Aschaffenburg-Obernau	Freie Anbieterin
Glückstrainerin Judith Reis Waldhäuser Str. 3 63743 Aschaffenburg-Obernau 06028/3595 0163/7460285 judith.reis@freenet.de www.PowerYourEmotion.com	Matrix Energetics/Matrix Inform Matrix Energetics/Matrix Inform Einzel-Anwendungen Matrix Energetics Workshop Weitere Qualifikationen: Glückstrainerin nach dem Konzept von Ella Kensington® „Glückstraining Einzelcoaching nach Ella Kensington®" „Positiv Fühlen Einzelcoaching nach Ella Kensington®" „Positiv Fühlen Kleingruppen-Coaching Ella Kensington®"

64287 Darmstadt	Certified Quantum Entrainment Practioner
Eike Kujaw Erbacher Str. 68 64287 Darmstadt 0 61 51 - 42 89 16 8 kujaw@hichibuku.de www.hichibuku.de	Heilpraktiker mit Schwerpunkt Bewegungsapparat (Schmerztherapie, Dorn-Methode) und Emotion (Psychokinesiologie, Klopfen). Certified Practioner Quantum Entrainment (zertifizierter Anwender der Quantenheilung nach Kinslow). Quantum Entrainment ist ein Prozeß, um reiner Bewußtheit gewahr zu werden, aber keine Energie, keine reine Liebe, kein unbegrenztes Potentialfeld.

64683 Einhausen	Matrix Energetics Practitioner nach Dr. R. Bartlett
BALANCE Edith Döll Ludwigstr. 2 64683 Einhausen 06251/53906 edith.doell@web.de	Körpertherapeutin

64753 Brombachtal	**Quantum Entrainment Practitioner**
Training Coaching Business Yoga Martina Gross 64753 Brombachtal 06063/4059 www.martinagross.de info@martinagross.de	Pädagogische Psychotherapeutin, international anerkannte Yogalehrerin. Ich biete je nach Anfrage reine QE-Behandlungen (auch Fern-QE) n oder verginde mit QE mit anderen aktuellen Methoden des Coachings. Das Themenspektrum bewegt sich zwischen gesundheitlichen Anliegen jeder Art und Fragen der Persönlichkeitsentwicklung wie z. B. Verbessern des Selbstwertgefühlts, selbstsicheres Auftreten, Stärkung der Konfliktfähigkeit, Steigerung der Stressresistenz o. a. Ich trainiere auch Gruppen in Organisationen.

65193 Wiesbaden	**Quantum Entrainment® Facilitator und QE Practitioner** **Certified by Dr. Frank Kinslow**
Naturheilpraxis Petra Balschuweit Höhenstr. 7 65193 Wiesbaden 0611/1689129 www.genesungs-wege.de info@genesungs-wege.de	Heilpraktikerin, spirituelle Heilerin (DGH) In meiner Praxis behandle ich vor allem Menschen mit chronischen Erkrankungen, psychischen und psychosomatischen Störungen und Menschen in Umbruchssituationen ihres Lebens. Körper, Geist und Seele betrachte ich dabei als Einheit.

65193 Wiesbaden	**Quantum Entrainment® Facilitator und QE Practitioner** **Certified by Dr. Frank Kinslow**
Silent Healing Nico Balschuweit Höhenstr. 7 65193 Wiesbaden www.silent-healing.net silent.healing@yahoo.de	Management Coaching Ein Weg zur höheren Frequenz ©Nico Balschuweit Seminare Telefon-Beratung

65205 Wiesbaden	Freie Anbieterin
Britta Englisch Am Hochfeld 28 65205 Wiesbaden 0611/147-5456 only1brittaenglisch@gmail.com	Ass. Jur., Life Coach mit Spezialisierung „Wellness", Vibrational Healer und Autorin. Ich wende Matrix Energetics in meinem Coaching an, wenn ich für Kunden „lese" und die Karten lege. Ich arbeite mit den Helfern aus der geistigen Welt (Tiergeister, Erzengel, aufgestiegene Meister) zusammen für Ihre größtmöglichste, effektivste Transformation. Einzel- und Fernsitzungen für Menschen und Tiere. Skype möglich. Ich biete meine Behandlung in Englisch und Deutschan.

65346 Eltville	Zertifizierter Matrix Energetics® Practitioner
Naturheilpraxis – seit 1984 – Martin Sang Kloster-Eberbach-Straße 4, W 3 65346 Eltville 06123/709498 www.naturapura.de	Diplomierter Practitioner CQM® Diplomierter Persönlichkeitstrainer (PF) Zertifizierter S.E.I.®-Trainer Autor des Buches „Jenseits von Quantum und Schicksal"

65375 Oestrich-Winkel	Zertifizierter Quantum Entrainment Practitioner
Praxis für Quantenheilung Zeljko Jakovljevic Gottesthal 8b 65375 Oestrich-Winkel 06723/9139873 info@quanten-heilung.org http://www.quanten-heilung.org	Zwei oder drei Sätze, die das Angebot charakterisieren: Als Zertifizierter Quantum Entrainment Practitioner, Dipl. Informatiker, IT-Berater, Coach, Seminarleiter lege ich großen Wert darauf, den behandelten Klienten selbst Quantenheilung zur Selbstheilung beizubringen und sie im Lernprozess zu begleiten. Problemhintergründe werden betrachtet und ins Bewusstsein gehoben, um eine tiefgreifende Heilung zu bewirken. Wegen meiner jahrelangen Erfahrung mit „Ein Kurs in Wundern" gebe ich auch spirituelle Beratung sowie Seminare zur dahinter liegenden Metaphysik.

65719 Hofheim/Ts.	**Quantum Entrainment Practitioner nach Frank Kinslow** **Matrix Energetics Practitioner nach Richard Bartlett**
Angelika Hänsch-Randoll Kirschgartenstr. 1 A 65719 Hofheim/Ts. 06192/902442	Heilpraktikerin und Certified QE-Practitioner Weitere Therapieverfahren: Focusing, Psychokinesiologie, HNC und weitere kinesiologische Verfahren durch Reorganisation des Nervensystems, Homöopathie, Schmerztherapie, Meditation

66636 Tholey-Überroth	Freier Anbieter
Felix Becker – Praxis für energetisches Heilen Hargartstr. 10 66636 Tholey-Überroth 06888/581289 0177/3289727 info@gehtnetgibtsgar.net www.gehtnetgibtsgar.net	Schnelle Hilfe bei körperl. & psych. Problemen, Hilfe zur Selbsthilfe. Diplom-Sportwissenschaftler, Reiki-Meister, Ausbildung in Quantenheilung (Quantum Entrainment, Dr. Frank Kinslow), Matrix Energetics (Dr. Richard Bartlett), Matrix Harmonics (Claus Bürger), Reconnective Healing (Dr. Eric Pearl/Doug de Vito), Emotional Freedom Techniques EFT, Mentalfeldtherapie MFT (Dr. Klinghardt)

67591 Offstein	**Matrix Energetics Certified Practitioner** **Matrix Energetics Certified Study Group Leader**
MatrixEnergeticsPraxis Ulrike und Udo Gramlich Im Kerner 32 67591 Offstein 06243/7227 info@UlrikeundUdoGramlich.de www.UlrikeundUdoGramlich.de	Wir sind von Dr. Richard Bartlett ausgebildete und zertifizierte Anwender und sind zertifizierte Matrix Energetics Study Groupleiter in Deutschland. Jedes Jahr nehmen wir an mehreren Seminaren mit Dr. R. Bartlett im In- und Ausland teil. Unser Angebot: Auf spielerische Art können spontane und anhaltende Veränderungen in allen Bereichen des Lebens stattfinden. Entfalten sie ihr ganzes persönliches Potenzial. • Einzel- und Fernanwendungen • Telefonsitzungen • Anwendung bei Tieren

68723 Schwetzingen	Freier Anbieter
Matrix-Inform Seminare – Heede-Institut Matrix-Inform GmbH Hans-Thoma-Straße 16 68723 Schwetzingen info@matrix-inform.com www.matrix-inform.com	Erster Anbieter von Seminaren mit der Zwei-Punkt-Methode in Europa. Schon mehr als 10.000 zufriedene Teilnehmer. Seminare in Zürich, München, Berlin, Leimen (bei Heidelberg) – weitere Standorte und rund 300 Anwender in ganz Europa unter www.matrix-inform.com

69118 Heidelberg	Freie Anbieterin
Privatpraxis Heilpraktikerin & Physiotherapeutin BodyMindCoach Margarete Säger-Neureither Am Büchsenackerhang 1 69118 Heidelberg 06221/ 80 27 89 0152 2231 80 82 mail@magiesa.de www.magiesa.de	Feldenkrais-Methode, Craniosacraltherapie, Sounder Sleep System, 2 Punkt-Methode (Matrix-Quanten-Russenmethode). Ich hole Sie da ab, wo Sie gerade sind und bearbeite sämtliche Bereiche mit Ihnen, die Sie auf körperlicher, emtionaler und mentaler Ebene behindern, Ihr Leben so zu leben, wie Sie es sich erträumen. Ich freue mich darauf, Sie unterstützen zu dürfen! (ab voraussichtlich Nov. 2011 in 69151 Neckargemünd, Odenwaldstr.)

Postleitzahlenbereich 7	

70173 Stuttgart	**Matrix Energetics® Certified Practitioner**
Quantum Transformation Coaching Irys Ehmann Eberhardstr. 47 70173 Stuttgart 0711/6333743 0172/5610150 Fax 0711/6333641 info@irys-ehmann.com www.quantum-transformation-coaching.de	Diplom-Ökonomin, M. Sc. (USA) Business Management, Beraterin, Coach, Bioenergie-Therapeutin, Matrix Transformation® Practitioner, Transformatives Coaching mit den Schwerpunkten Führungskräfte-Coaching und Überwinden von Ängsten. Weitere Qualifizierungen in Hypno-Coaching (Hans-Peter Zimmermann und Burt Goldman), Aura-Arbeit (Heiko Wenig), Integrierter Kanal und Hirnstamm-Regeneration (Frank Alper), Alinhamento Energético (Fogo Sagrado & Ouro Verde), Provokativer Stil (Noni E. Höfner), Chinesische Quantum Methode (CQM), Self-I-dentity Ho'oponopono (Ihaleakala Hew Len), Design Human Engineering (DHE) (Dr. Richard Bandler), Yuen Methode (Kam Yuen) und The Reconnection® und Reconnective Healing Practitioner (Eric Pearl). Leicht, wirksam und nachhaltig Veränderungen bewirken – dabei hat die spielerische ‚Arbeit' mit Quantum Transformation Coaching einen Quantensprung in meinem Leben bewirkt. Ich freue mich, Menschen dabei zu unterstützen ihre Kraft, Leichtigkeit, Freiheit und Freude zu leben. Lernen in einem Feld des lebendigen Entdeckens und Verwirklichens vielfacher Dimensionen ...

70376 Stuttgart	**Freie Anbieterin**
Matrix-Bewusstsein & Russische Methoden Sylvia Höhe Neckartalstr. 399 70376 Stuttgart 0711-5286625 info@matrix-bewusstsein.de www.matrix-bewusstsein.de	Veränderung des Bewusstsein bewirkt [Er] Lösungen, denn jede Realität ist veränderbar. Trans.FORM.ieren – ver.ÄNDERN – um.WANDEL.n

70839 Gerlingen	**Freie Anbieter**
Magic-Matrix – Seminare für angewandte Quantenheilung Insa Erdmann & Oliver Bartl GbR Weilimdorferstr. 25 70839 Gerlingen 07156 - 35 99 868 fragen@magic-matrix.de www.magic-matrix.de	Im Vordergrund unserer Seminare steht, frech und mit viel Spaß und Lebensfreude den Teilnehmern Mut und Vertrauen in Ihre eigenen Fähigkeiten zu geben und ihnen aufzuzeigen, das die Realität steuer- und veränderbar ist. Magic-Matrix ist für uns ein Physikbaukasten für Erwachsene, in dem wir spielerisch forschend unsere anerzogenen Grenzen aufweichen und lernen, immer mehr Wunder zu „produzieren".

72070 Tübingen	**Certified Practitioner by Frank Kinslow**
QE Quantumentrainment Steffen Breuninger Montfortweg 9 72070 Tübingen 07071 942 634 0176 530 93 601 Fax: 07071 942 671 sb@gearcon.de www.quantenheilung-breuninger.com www.qepractitioner.eu	Dornmethode Breussmassage Meridianausgleich Spiralmuskeltraining nach Dr. Smisek

73529 Schwäbisch Gmünd	**Matrix Energetics® Practitioner**
GANZHEITLICHE KONZEPTE Heide Groz Am Straßdorfer Berg 3 73529 Schwäbisch Gmünd 07171/1045894 mail@heidegroz.de www.heidegroz.de	Matrix Energetics® – Meditation – Coaching EMF Balancing Technique® Master in Practice, Reconnective Healing® Practitioner, Heilerausbildung bei Alexander und Carolin Toskar, Coaching bei Marion Jaud. Wenn Ihnen Ihr Leben zu schnell und zu anstrengend geworden ist, helfe ich Ihnen dabei, loszulassen, Kraft zu tanken und zu sich zu finden. Sind Körper, Geist und Seele in Harmonie, haben Sie wieder Spaß am Leben und Sie fühlen sich rundum wohl. Mit Matrix Energetics® könnten Sie sich sogar von einer ganz neuen Seite kennen lernen!

74182 Obersulm	Matrix Energetics Practitioner
Praxis für Naturheilkunde Marion Vetter August-Lämmle-Str. 13 74182 Obersulm 07134 / 90 50 600 werdedirbewusst@aol.de	Heilpraktikerin, HNC Therapeutin i. A. Gerne unterstütze ich Sie ein Stück auf Ihrem Lebensweg bei Ihrem Werden und Sein, für dass Ihr reines BE WUSST SEIN auf die Erde gekommen ist.

75447 Sternenfels	Freie Anbieterin
Gerhilde Müller Praxis für geistiges Heilen, bei Mensch und Tier, Matrix Transformation 07043-958354 01577-1539438 gerhilde@gerhilde.de www.gerhilde-mueller.de www.lifebalance-gm.de	Matrix-Transformation-Anwenderin Geistige Aufrichtung der Wirbelsäule Geistige Heilung Ich kombiniere alle drei Techniken je nach Eingebung, das ist meine Spezialität. Einzelsitzung, auch Fern je nach Wunsch. Zusätzlich habe ich eine Ausbildung zur Bioenergetischen Massage-Therapeutin absolviert.

76829 Landau	Quantum Entrainment Practitioner
Leben in Balance Sabine Schirra Entzingerstr. 3 76829 Landau 06341/978732 sabineschirra@web.de	Matrix Energetics Anwender bis Level 3 (Heede-Institut) Stressmanagement-Trainerin, Burn-out-Prophylaxe

78141 Schönwald	Freie Anbieterin
IB Coaching Isolde Feldmeier Arnold-Böcklin-Straße 22 78141 Schönwald 07722 / 92 07 34 0173 / 921 90 57 Fax: 07722 / 45 14 info@ib-coaching.de www.ib-coaching.de www.insel-auszeit.de www.berg-auszeit.de	Gesundheits- und Mentalcoach, Quantum Matrix®-Practitioner, Ausbildungsleiterin für PowerMeditationen®, Fachberaterin für Umweltharmonisierung, VIANESSE-Therapeutin. Seminarangebot: Quantum Matrix®-Seminar Level 1 / Level 2 Quantum Matrix®-Seminar „Fülle + Visionen" Quantum Matrix®-Seminar „Selbstliebe" Quantum Matrix®-Seminar „Mein Körper + ich" Quantum Matrix®-Intensivseminar „Matrix Insel-Auszeit" Quantum Matrix®-Erlebnisseminar „Berg-Auszeit"

78467 Konstanz	Certified Quantum Entrainment Practitioner
Energetische und spirituelle Transformation Dipl. Päd. Katja Pojda Praxis Menzelstr. 2 78467 Konstanz kontakt@quantumentrainment-konstanz.de www.quantumentrainment-konstanz.de www.kinergetics.de	Kinesiologin (Kinergetics), Reiki-Meisterin Einzelsitzungen, Fernanwendungen, Seminare, Vorträge und Übungsgruppen

79098 Freiburg	Quantum Entrainment® Practitioner
Heidrun Mazumdar Erasmusstrasse 8 79098 Freiburg 0761-25358 0173-3944779 heidrun@mazumdar.de www.mazumdar.de	Quantum Entrainment® Practitioner" (QE), zertifiziert von Dr. Frank Kinslow. Ich gebe sehr gern QE, auch Fern-QE, und begleite Menschen auf ihrem Bewusstwerdungsweg.

79111 Freiburg	Quantum Entrainment® Practitioner
Claudia Rothärmel-Fuchs Hebamme und Therapeutin Pfädle 6 79111 Freiburg 0761/42797 kontakt@rothaermel-fuchs.de www.rothaermel-fuchs.de	Hebamme Cranio-Sacral Therapeutin (DCSV)

79650 Schopfheim-Gersbach	Matrix Energetics Practitioner
Lebensharmonie für Mensch und Tier Daniela Salg Auf der Flüh 5 79650 Schopfheim-Gersbach 07620/988751 info@tierharmonie.eu www.tierharmonie.eu	Tierheilbehandlerin Tierkommunikatorin Praxis-, Seminar- und Ausbildungszentrum für Tierheilbehandler und diverse Workshops

Postleitzahlenbereich 8	

80638 München	Freier Anbieter
Spirituelle Quantenheilung Reinhold Pertler Spirituelle Reisen Amperstraße 9 80638 München 089/1595668 Fax: 089/15891454 www.spirituelle-reisen.de pertler@spirituelle-reisen.de	Quantenheilung: Einzelarbeit, Workshops (auch auf Ibiza) – das Beste von Kinslow, Bartlett, Richard Gordon (Matrix Energetics, Quantum Entrainment, Quantum Touch) in Verbindung mit Atemerfahrung, Meditation, Advaita-Impulsen, Familienstellen (Quanten-Aufstellungen). Über 25 Erfahrung mit Methoden der transpersonalen und energetischen Therapien.

80798 München	**Freie Anbieterin**
Spirituelle Kunst und Reiki Andrea Partisch Georgenstr. 97 80798 München 089/21665358 www.spirituellekunst-reiki.de info@spirituellekunst-reiki.de	Reiki-Meisterin/-Lehrerin, Engel- und Channelmedium, spirituelle Seminare und Beratungen, Kristall-Codes („Methoden der neuen Zeit"), Lesen in der Akasha-Chronik

81632 München	**Freie Anbieterin**
Lichtinsel® - Forum Neues Bewusstsein Suzan H. Wiegel Postfach 860 526 81632 München 08051/ 96 577 18 Fax: 08051/ 96 577 19 www.lichtinsel.eu	Heilpraktikerin, Psychotherapeutin, Erfolgsautorin und Lehrerin für uralte Therapieformen wie auch für das wissenschaftlich belegte, aktuelle „Quantenbewusstsein" im Sinne einer sensitiven, direkten Selbstheilung. In jedem Seminar betreue ich Sie mit meinem Team persönlich und nehme Ihre Belange ernst. Unterwegs im Quantenfeld: das eigene Bewusstsein erweitern, mehr Liebe, Kraft und Klarheit gewinnen ... Achten wir die universellen Gesetze, verstehen wir, dass wir überwiegend Bewusstsein sind und immer schöpferische Wesen!

81667 München	**Zertifizierter Matrix Energetics® Practitioner**
Heilpraxis Ilse Jakob Weißenburgstr. 40 81667 München 089/12779558 info@ilsejakob.de www.ilsejakob.de	Heilpraktikerin, Channel-Medium, Reinkarnationstherapeutin, Light Body Teacher. Ich biete Matrix Energetics in meiner Praxis an und als Fernsitzungen.

81929 München	Zertifizierter Quantum Entrainment® Practitioner
Ursula Gerken Heilpraktikerin für Psychotherapie Rennbahnstr. 75 81929 München 089 - 99 31 76 28 info@ursula-gerken.de www.ursula-gerken.de	Als zertifizierter Quantum Entrainment® Practitioner (Quantenheilung nach Dr. Frank Kinslow) wende ich QE in Einzelsitzungen (inkl. Fernheilung) an.

82211 herrsching am ammersee	Freie Anbieterin
zeitenwende-schule schule für potential-entfaltung alea ute höstermann www.alea-hoestermann.de Tel: 08152-399153	Ich bin seit 10 Jahren Familienaufstellerin und arbeite seit 2009 mit der Quantenheilung und biete auch Ausbildungen dafür an. Parallel dazu habe ich eine schamanische Ausbildung gemacht und verbinde somit das alte Wissen mit dem neuen Geist.

82319 Starnberg	Freie Anbieterin
Praxis für ganzheitliche Einzel- und Paarberatung Susanne Juranic Brunnangerstr. 5 A 82319 Starnberg 08151/998989 info@lebensberatung-starnberg.de www.lebensberatung-starnberg.de	Diplom-Psychologin und Heilpraktikerin Lebensberatung in Verbindung mit Energiearbeit (Engelsymbole nach Ingrid Auer, Chakraarbeit und Quantenheilung)

82319 Starnberg	Matrix Energetics (seit März 2009 von Dr. Richard Bartlett zertifiziert)
Feng Shui, - Body, Space & Soul Virag von Richthofen Maximilianstr. 14 82319 Starnberg Tel. 08151 998198 www.matrixenergetics-deutschland.de www.fengshuiforyou.de	Angebot: Matrix Energetics (seit März 2009 von Dr. Richard Bartlett zertifiziert) Feng Shui & Space Clearing Space and Grace, Sessions und Trainings

83352 Altenmarkt/Alz	Freie Anbieterin
Herz-Kraft-Coaching Beratung – Seminare Birgit Bernauer Berg 14 83352 Altenmarkt/Alz 08621/649078 0151/106 297 53 www.herz-kraft.com	Ausbildungen: Body Mind Soul Coaching, Omega Health Coaching, Mentor/Coach Ausbildung, Z(h)en Chi Trainerin; Zusatzqualifikationen: Systemisches Familien Balance Coaching, Quantenheilung bei Dr. Kinslow, Dynamische Aufstellungsarbeit bei Dr. Petra Reiter. Durch den kinesiologischen Muskeltest wird schnell, einfach und klar transparent, welche Werkzeuge und Methoden der Heilung für den Klienten von Bedeutung und effizient sind. Alle angewandten Methoden werden durch die Quantenheilung nach Dr. Frank Kinslow ergänzt und abgerundet.

83471 Schönau	Certified Quantum Entrainment Practitioner
Helga Schuhmann Richard-Voss-Str. 14 83471 Schönau 08652 – 975487 Helga-Schuhmann@t-online.de	Quantenentrainment/QE nach Dr. Frank Kinslow/USA: QE arbeitet mit sanften Berührungen und versetzt das vegetative Nervensystem spontan in einen Zustand, in dem ein Eu-Gefühl (EU-feeling, euphoric feeling) entsteht und tiefe Heilungsprozesse in Gang gesetzt werden. Sie sind der Schöpfer Ihrer eigenen Realität. Mit Hilfe der Quantenergie und ihrer Techniken manifestieren Sie, was Sie schon immer wollten. Es ist ganz einfach.

83735 Bayrischzell	Freie Anbieterin
Klang und Energie Gabriele Kirchmoser Geitau 22 83735 Bayrischzell 08023/819669 klang.energie@t-online.de www.klangundenergie.de	Matrix-Quanten-Harmonie, Einzeltermine und Seminare, Matrix-Engel-Aufstellung mit der Zwei-Punkt-Methode, die Weiterentwicklung der Familienaufstellung

84095 Furth (bei Landshut)	Quantum Entrainment Practitioner
Lern- und Therapiezentrum Vera Löbel Klosterstr. 4 84095 Furth (bei Landshut) 08704 – 92 81 29 loebels@hallertau.net www.ltz-info.de	Als Quantum Entrainment Practitioner biete ich Einzel- und Gruppensitzungen, Fernbehandlungen und Übungsgruppen an. Als Kinesiologin biete ich Ihnen neben QE umfangreiche kinesiologische Methoden und Systemische Aufstellungen. Sie erhalten tiefgreifende Balancen zu Persönlichkeitsentwicklung, Lernen und Gesundheit, Krisenbewältigung, Klärung von Themen in Beruf, Partnerschaft, Familie u. v. a. m.

86807 Buchloe	Freie Anbieterin
RAUM ZU SEIN Inge Dyan Heidenreich Angerstraße 12 86807 Buchloe 08241/6626 info@raumzusein.de www.raumzusein.de	Praxis für ganzheitliche Massagen, Engelbalance, Meditation, Energiearbeit & spirituelle Wegbegleitung. PC im Training in Matrix Energetics® nach Dr. Bartlett. Basis & Masterkurs in Quantum Entrainment® nach Dr. Frank Kinslow.

86938 Schondorf am Ammersee	**Freie Anbieterin**
Martina Haller Wunderfülle Welt Landsbergerstr.12 86938 Schondorf am Ammersee 08192-9956410 0171-8282898 team@wunderfuelle.de www.wunderfülle.de www.2PunktMethode.de	Transformation mit der „Kraft des Herzens": Intensive Begleitung für Einzelpersonen, Paare, Gruppen und Unternehmen, Hilfe zur Selbsthilfe (auch telefonisch), Basis- und Vertiefungs-Seminare, Erfolgs-Seminare und Vorträge von Frauen für Frauen „Frauen sind reich" und „Frauen sind schön", regelmäßige Übungsabende in München und am Ammersee, Systemische Aufstellungen mit der 2 Punkt Methode zum Thema „Wohlstand", wohl stehen, 1. Quantenkosmetik „Mahadeva"

88212 Ravensburg	**Freier Anbieter**
Praxis Ostertag Christer Ostertag Seestraße 51 88212 Ravensburg www.praxis-ostertag.de	Quantum Entrainment Basic + Master Physiotherapeut, Lu Jong-Lehrer Spezialisiert in human neuro cybroinetic und emotional clearing

88339 Bad Waldsee	**Freier Anbieter**
QE – Heilung durch Selbst-Gewahrsein QE – Healing through Self-Awareness Practitioner Orhan Demirhan Buchholzweg 21 88339 Bad Waldsee 07524/9743540 0177/9095944 orhan-demirhan@hotmail.de	In Ausbildung zum Heilpraktiker, Oktober 2011 habe ich Prüfungen. Seit über einem Jahr wende ich QE an in allen Lebensbereichen, wie Krebs, Migräne, Rheuma, Gelenkschmerzen, Schmerzen allgemein und so weiter. Vieles wird über Fernbehandlung gemacht. Wunsch-Therapien werden durchgeführt, es ist eine fast ganz sichere Methode, der Erfolg liegt bei ca. 90 % in allen Bereichen.

88662 Überlingen	Quantum Entrainment Practitioner
Harald Jürgen Dold Tel. BRD 015206618320 Tel. Südtirol 0039-3485786205 QE-Feeling@web.de	Clinish Ayurveda Therapeut C.A.T., Thera-Healing-Spezialist Betriebs- und Firmen-Coaching, Rückführungen, Seelenarbeit mit Mensch und Tier (Pferde), Matrix nach Dr. Bartlett 1–3. Ich gebe Seminare, Einstimmungen, Einzelsitzungen und Coaching und arbeite telefonisch ohne den Menschen kennen zu müssen bei Energiearbeit, QE-Matrix etc. Es finden regelmässig Seminare statt zum Thema QE sowie den Themen „Finde Deine Frau in Dir" und „Dein Weg zur Dir Selbst".

89233 Neu-Ulm	Matrix Energetics Certified Practitioner Matrix Energetics Certified Study Group Leader
Ralph Heber 0731-1769774 relax@magic.ms www.matrixarts.de	

Postleitzahlenbereich 9	

90419 Nürnberg	Freie Anbieter
Matrix Genesis Schule Roswitha Rupprecht Schnieglinger Str. 36 a 90419 Nürnberg 0911/960 24 54 nuernberg@matrix-genesis.de www.matrix-genesis.de www.matrix-genesis.com	Matrix Genesis – Hilfe zur Selbsthilfe Ausbildung – Spezial-Workshops – Einzelcoaching Langjährige Erfahrung im Coaching

90449 Nürnberg	Freier Anbieter
QuantX® - Quantenheilung aus der Matrix Thomas Bäumler Röthenbacher Hauptstr. 31 90449 Nürnberg 0911-3261994 0176-46538805 info@quantx.info www.quantx.info	Seminare und Einzelcoaching, Spezialthemen Fülle/Wohlstand/Beziehungen/Abnehmen

91301 Forchheim	Freie Anbieterin
KARISMA – Entspannung in allen Lebenslagen Claudia Klug Paradeplatz 22 91301 Forchheim 09191/3550227 info@karisma-forchheim.de www.karsima-forchheim.de	Wellness-Oase mit Verkauf von Literatur und Wellnessprodukten (Edelsteine, Räucherwerk etc.) QE-Sitzungen kostenfrei, Anmeldung erforderlich, zertifizierter „Erfolgreich-Wünschen"-Coach nach Pierre Franckh, Energie-Massage-Therapeutin, Konzeption: Ladengeschäft mit Wellness-Behandlungen und Coaching-Bereich

94538 Fürstenstein	Freie Anbieter
Der QuantenSprung Seminarhaus an der Lichtung Andrea Engel-Himmelstoß und Andreas Franz Himmelstoß Reutherfurth 5 94538 Fürstenstein Tel. 08504/92 36 92 om@unsereseminare.de www.unsereseminare.de	Die Seminare bei den systemisch energetischen Therapeuten (HPG) Andreas Franz Himmelstoß und Andrea Engel-Himmelstoß zeichnen sich durch viel Lebendigkeit, Kompetenz und Herzlichkeit aus. Hier ist erlebbar, dass kraftvolle Spiritualität immer mit dem Herzen und Bodenständigkeit zu tun hat.

95686 Fichtelberg	Freie Anbieter
Bildungsgruppe Glaser Sabine und Stephan Glaser Bayreuther Straße 19 B 95686 Fichtelberg 09272/909360 info@sonnenlichtportal.de www.sonnenlichtportal.de	Meisterschulen zur Bewusstseinserweiterung, Lebensaktivierung und Ausbildung zum Matrix-Praktiker/in, Inspirations-Lebenscoach und Quantenschamanischen Coach.

97080 Würzburg	Freie Anbieterin
Lebensfreude – Lydia Hümmert Unterdürrbacher Str. 139 97080 Würzburg 0931/2971849 0176/96331007 lydia.huemmert@freenet.de	Practitioner Deeksha-Geber Mental-Coaching – vom Problem zur Lösung in allen Lebensbereichen Hilfe bei Lernschwierigkeiten Energiemassagen Fachlehrerin

97529 Alitzheim	Certified Quantum Entrainment® Practitioner
Heike Schumann info@heikeschumann.de www.heikeschumann.de	Coach für Bewusstsein und Neuausrichtung

97861 Lohr am Main	Freie Anbieterin
Energetisches Coaching Manuela Marx Untere Brückenstr. 10 97861 Lohr am Main 04352/8449881 info@channel777.de www.channel777.de	Ich arbeite mit folgenden Methoden: Matrix Energetics, CQM (Chinesische Quantum Methode) und diversen Energiesystemen

98527 Suhl	**Freie Anbieterin**
Lichtkristall-Zentrum/ -Verlag Andrea Kraus Untere Kirchgasse 2 98527 Suhl 03681/707016	Matrix-Anwendungen Matrix-Fernbehandlungen Matrix-Seminare Energiearbeit seit zwölf Jahren Heilkreise/mediale Botschaften Gruppenmeditationen Autorin, Künstlerin

Österreich

1030 Wien	QE – Quantum Entrainment™ – Quantenheilung- Practitioner
Tom Deissl Erdbergstraße 74, 1. Stiege, 2. Stock, Tür 14 1030 Wien +43 660 34 64 888 tom.deissl@gmx.at http://tomdeissl.at/	Ich sehe mich als Lehrer im Umgang mit Gefühlen und als Experte im Sich-Wohlfühlen und arbeite sehr erfolgreich mit den äußerst wirksamen Methoden QE (Quantum Entrainment™) nach Dr. Frank Kinslow, EFT (Emotional Freedom Techniques™) und der Somatischen Traumatherapie. Ich bewege mich dabei sowohl auf der Quanten- als auch auf der energetischen Ebene. Weiters finden bei Bedarf Elemente der Biodynamischen Körperarbeit nach Gerda Boysen Eingang in mein Wirken.

1120 Wien	Freie Anbieterin
Quanten-Matrix-Transformation Margit Satyana Oswaldgasse 35/Praxis 1 1120 Wien +43 (0) 650 8 373737 info@quanten-matrix-transformation.com www.quanten-matrix-transformation.com	Playshops „Die Kraft der Welle" Teil 1, 2, 3 Matrix im Urlaub: „Müheloser Wohlstand und freudvolle Beziehungen" in Griechenland Totaltransformationswoche im Dunkelsteiner Wald, Österreich Matrix-Silvester Retreat Matrix-Vision Quest Matrix-Ego-Erlösung Matrix-Aufstellungstage Einzelsitzungen, Fernanwendungen

1220 Wien	**Freie Anbieterin**
Praxis Licht ist Leben Sigrun Elke Butscher Energetiker, Autorin, Reiki-Lehrerin/-Meisterin Rautenweg 167/138 1220 Wien 0699 192 339 40 celine4@gmx.at www.lichtistleben.de.tl	Lernen Sie in zwei Tagen in angenehmer Atmosphäre und in einer Kleingruppe sowohl viel Theoretisches als auch viele Anwendungsmöglichkeiten von QE! Die Theorie umfasst Kenntnisse der Matrix, des morphogenetischen und morphischen Feldes, der Polaritäten und Dimensionen, Transformation, richtiges Atmen, im JETZT sein u. v. a. m. In der Praxis lernen Sie, wie Sie in Ihr EU-Gefühl und ins reine Bewusstsein gelangen, Sie lernen themenspezifisch zu arbeiten, Heilwasser herzustellen, QE in der Selbstanwendung und anderen Personen, QE über die Ferne ... u. v. a. m.! Viele Übungen und auch das Lachen kommen in meinen Seminaren nicht zu kurz.

5302 Henndorf am Wallersee	**Zertifizierter Quantum Entrainment® Practitioner**
Quantum Entrainment® Barbara Ruech Hoferstr. 1 5302 Henndorf am Wallersee Salzburg-Österreich +43-650-7262720 b.ruech@gmx.at	Ich bin zertifizierter Quantum Entrainment® Practitioner (Ausbildung bei Dr. Frank Kinslow) und biete Einzel- und Fernsitzungen bei physischen und psychischen Anliegen für Mensch und Tier an. Seminare und Übungsnachmittage zum Thema Quantenheilung in Kleingruppen (auch spezielle Kindergruppen) zusätzliches Angebot: Neue Homöopathie nach Erich Körbler, EFT-Klopfakupressur, Kinesiologie

6900 Bregenz	**Freie Anbieter**
Druides Quantenwelt Günther Gruber & Dr. med. Claus Hoffmann Zanderstrasse 1 6900 Bregenz +43 (0) 664 / 3025302 info@druides.at www.druides.at	Quantenheilung Seminare & Vorträge Günther Gruber: Körperarbeit, Chiropraktik, Osteopathie, Quantenheilung Dr. med. Claus Hoffmann: Allgemeinmedizin, Quantenheilung Unser Angebot umfasst Quantenheilung-Seminare im gesamten deutschen Sprachraum für Patienten zur Selbstheilung und für Mediziner / Therapeuten nach internationalen und empirischen Konzepten.

8160 Tannhausen	**Freie Anbieter**
Sonja und Reinhard Stoppacher GesbR Institut für Metaphysik und energetische Heilweisen Energieoase Raas 73 8160 Tannhausen +43 66 44 38 4313 sonjastoppacher@aon.at www.energieoase.or.at	Sonja Stoppacher ist lizensierte Seminarleiterin des Heede-Instituts Deutschland. Energetikerin mit Schwerpunkt energetische Reinigung von Menschen und Objekten mittels verschiedener Techniken. Hilfestellungen für Körper, Geist und Seele auf liebevolle Art. Matrix-Inform/Matrix-Energetics-Seminare und Seminare für Schamanische Matrix. Gratiserlebnisabende und Workshops für begrenzte Teilnehmerzahlen.

8952 Irdning	**Freie Anbieterin**
Lebensenergiezentrum Quantenheilung und Matrixenergie Gabriela König Falkenburg 248 8952 Irdning 0043 676 917 88 39 kontakt@lebensenergiezentrum.at www.lebensenergiezentrum.at www.quantenintelligenz.at	Praktische Anwendung der Quantenheilung und Matrixenergie in Einzelsitzungen, Fernsitzungen und Gruppensitzungen. Seminare und Übungsabende. Spirituelles Coaching zu Problemen aller Art.

Schweiz

6003 Luzern	**Freier Anbieter**
Beat Hess Quantenheilung, Bewusstseins-Coaching Bruchstrasse 63 6003 Luzern (0041) 076 561 22 33 hess.beat@bluewin.ch www.beathess.ch	Quantenheilung, Practitioner, Fernbehandlungen, Bewusstseins-/Mental-Coaching, Einzel/Team-/Gruppen-Coaching (18 Jahre Führungserfahrung), Vorträge und Seminare über Quantenheilung und Bewusstsein

8005 Zürich	**Quantum Entrainment Practitioner & freie Anbieterin**
Raum für Bewusst Sein Satyam Ahlaad (QE-Practitioner) & Yoga Mallika (Quantum Touch) Hardturmstrasse 261 8005 Zürich +41 44 586 47 27 (bitte auf Band sprechen) www.quantum-matrix.ch	Ahlaad und Mallika bieten Quantum Entrainment- und Quantum Touch Einzelsitzungen an, ferner „Quantum Matrix"-Seminare in der Schweiz und in Griechenland.

8046 Zürich	**Zertifizierte Matrix-Energetics-Practitioner**
Praxis Wissler Dr. med. Matthias Wissler Kristin Wissler Dora-Staudinger-Str. 17 8046 Zürich +41 44 520 22 25 info@praxis-wissler.ch www.praxis-wissler.ch	Wir sind beide zertifizierte Matrix-Energetics-Practitioner und kombinieren diese Methode in unserer komplementärmedizinischen Praxis mit der Yuen-Methode, der Chinesischen Quantum Methode (CQM), klassischer Homöopathie, systemischer Familienarbeit, EFT und Allgemeinmedizin. Als gelernter Arzt und Kinderkrankenschwester/Rettungssanitäterin begleiten wir unsere Klienten in ganzheitlicher Weise gesundheitlich und mit anderen Themen auf ihrem Weg zum Ziel.

8107 Buchs ZH	Freier Anbieter
Therapiehuus Rolf Zürcher Zihlstrasse 3 8107 Buchs ZH 0448453208 info@Therapiehuus.ch info@zwei-punkt-metho-de.ch www.zwei-punkt-metho-de.ch	Seminare für die Anwendung der Zwei-Punkt-Methode Practitioner: Einzeltherapien mit der Technik der Zwei-Punkt-Methode und der Lehre nach Grigori Grabovoi Zusatzqualifikation: HUNA Lehrer, Hypno-setherapeut

8127 Forch KT.CH	Zertifizierter Quantum Entrainment® Practitioner
NECHUNG Kommunikation Frau Lhamo Drongshar Im Brünneli 21 8127 Forch KT.CH +41 76 478 4848 info@ashang.ch	Mentaltraining Mediation Spirituelle Beratung QE Übungsgruppen Meditation

8805 Richterswil	Matrix Energetics® Practitioner
Barbara Suter Praxis für spirituelles Heilen und Channeling 8805 Richterswil / Schweiz www.soulserve.ch info@soulserve.ch	Spirituelle Heilerin und Channel Matrix Energetics® Practitioner Esalen Massage®-Practitioner Tiermassage (Integrated Touch Therapy®) für Hunde und Katzen

8902 Kilchberg	Freie Anbieter
Way of Light Elena Fischer & Marcel Hürlimann Im Broelberg 3/8 8902 Kilchberg +41 44 715 24 10 info@wayoflight.ch www.wayoflight.ch und www.qe-quantenheilung.ch	Es ist mir ein Anliegen, den Menschen als Ganzes wahrzunehmen und in jedem seine Einzigartigkeit zu erkennen. Körper- und Bewusstseinsarbeit fliessen während der Behandlung zusammen. Mit Quantenheilung eröffnen sich neue Dimensionen im Feld des reinen Gewahrseins – Heilung geschieht.

Überregionale Anbieter

Überregional Deutschland	Freie Anbieterin
VITAL – DIE HEILPRAXIS Ganzheitliche Gesundheit Gabriela Grotke Annuntiatenbach 45 52062 Aachen TEL 0241. 870153 info@heilpraxis-grotke.de www.entfalten-Sie-sich.de	MATRIX- Einzelbehandlungen & -Seminare zu ALLEN Themen Ihres Lebens. Alles ist möglich – wenn wir es für möglich halten! Überregionales Angebot Aachen, Marburg – und auch bei Ihnen. Stellen Sie einfach Ihre eigene Erlebnis-/ Workshop-Gruppe zusammen. Ich führe die Veranstaltung an Ihrem Ort durch.

Schweiz, Griechenland	Freie Anbieter
Raum für Bewusst Sein Satyam Ahlaad (QE-Practitioner) & Yoga Mallika (Quantum Touch) Hardturmstrasse 261 8005 Zürich +41 44 586 47 27 (bitte auf Band sprechen) www.quantum-matrix.ch	Ahlaad und Mallika bieten Quantum Entrainment- und Quantum Touch Einzelsitzungen an, ferner „Quantum Matrix"-Seminare in der Schweiz und in Griechenland.

München, Wien, Zürich, Frankfurt und Hamburg	Freier Anbieter
QCT Andrew Blake +43(0)2272-20258 www.qct-seminar.com	QCT – Quanten Bewusstseins Transformation durch die Zwei Punkt Methode von Andrew Blake wirkt durch Intention und Verbindung zum Reinen Geist löst mentale, emotionale und körperliche Blockaden aktiviert den Energiefluss weckt die Lebensfreude QCT kann über Buch, Heimstudienkurs oder Seminar erlernt werden.

Deutschland und EU	Freie Anbieterin
PHÖNIX-QUEST Institut für angewandte Holistisch-Geistige Methoden der Regeneration und Steuerung der Realität Marlies Gisela Müller Grüppenbührener Straße 88 27777 Ganderkesee 04222/20 98 32 FAX 20 98 33 0176- 562 00 955 Info@MariellaM.de www.MariellaM.de	PHÖNIX YOUR LIFE – SEMINARE FÜRS LEBEN Praxis-Seminare "Russische Methoden – Neue Schöpferwerkzeuge", Quantum-Healing Seminare, Lichtkraft – der Weg zum Aufstieg, Regelmäßige Treffs: Reiki – Lichtkreis – Übungsabend Russische Methoden – Heilkreis – Vorträge über QuantenHeilung und Russische Methoden, Seminare im Institut, Deutschland und EU

Zürich, München, Berlin, Leimen (bei Heidelberg) u. a.	Freier Anbieter
Matrix-Inform Seminare – Heede-Institut Matrix-Inform GmbH Hans-Thoma-Straße 16 68723 Schwetzingen info@matrix-inform.com www.matrix-inform.com	Erster Anbieter von Seminaren mit der Zwei-Punkt-Methode in Europa. Schon mehr als 10.000 zufriedene Teilnehmer. Seminare in Zürich, München, Berlin, Leimen (bei Heidelberg) – weitere Standorte und rund 300 Anwender in ganz Europa unter www.matrix-inform.com

Deutschsprachiger Raum	Freier Anbieter
Dr. Jörg Tacke 0851-75639911 0175-1861030 dr.tacke@2-punkte-methode.de www.Quanten-Essenz.de www.2-Punkte-Methode.de	Seminare zum Erlernen und zur Ausbildung der Quantenheilung in Hamburg, Berlin, München, Wien, Deggendorf, Regensburg, Linz und Passau. Weitere Orte unter www.Quanten-Essenz.de Einzelsitzungen

Endnoten

1 Eine schön geschriebene, ausführliche Geschichte dieser Verwirrungen und Erkenntnisse bietet das Buch „Auf der Suche nach Schrödingers Katze“ des Physikers John Gribbin (Piper Verlag 2008).

2 Vergleiche den Artikel „Atom“ im Online-Lexikon Wikipedia: http://de.wikipedia.org/wiki/Atom

3 Braden, Gregg: Im Einklang mit der göttlichen Matrix. Wie wir mit allem verbunden sind. Koha Verlag 2008. S. 83.

4 Röthlein, Brigitte: Die Quantenrevolution. Neue Nachrichten aus der Teilchenphysik. Dtv 2004. S. 7 ff.

5 Braden, Gregg: Im Einklang mit der göttlichen Matrix. Wie wir mit allem verbunden sind. Koha Verlag 2008. S. 104 ff.

6 Zeilinger, Anton: Quanten-Teleportation. In: Spektrum der Wissenschaft Dossier 01/03: Vom Quant zum Kosmos. S. 22–30. Siehe auch Röthlein, Brigitte: Schrödingers Katze. Einführung in die Quantenphysik. Dtv 1999. S. 65 ff.

7 Ingold, Gert-Ludwig: Quantentheorie. Grundlagen der modernen Physik. C. H. Beck 2002. S. 91.

8 Braden, Gregg: Im Einklang mit der göttlichen Matrix. Wie sie funktioniert und wie man lernt, sie anzuwenden. 2 DVDs.

9 Braden, Gregg: Im Einklang mit der göttlichen Matrix. Wie sie funktioniert und wie man lernt, sie anzuwenden. 2 DVDs (auch als Buch erhältlich).

10 Ansprechpartner hierfür sind unter anderem die Folgenden:

- die Industrie- und Handelskammer online unter: www.dihk.de/ihk-finder
- das Bundesministerium für Wirtschaft und Technologie online unter: www.existenzgruender.de/
- das Institut für Unternehmensgründung Nelles: www.ifu-nelles.de/

11 Auch der Trainer Eugen Simon lässt die Teilnehmer seiner Gedankendoping-Seminare ihre Werte ermitteln, und ich danke ihm herzlich für die Inspiration für dieses Kapitel. Seminartermine und weitere Infos finden Sie im Internet unter: http://www.gedankendoping.de/

12 Bodmer, Gabriele S.: Heilige Formen des Lichts. Das Geheimnis der Lichtsprache-Grids. Schirner Verlag 2010. S. 217 ff. und S. 274 ff.

13 Ein sehr informatives Interview zum Thema Ein-Euro-Jobs führte Deutschlandradio mit dem Politikwissenschaftler Martin Bongards: www.dradio.de/dlf/sendungen/interview_dlf/435568/

14 Barbara Sher beschreibt in ihrem Buch „Wishcraft. Lebensträume und Berufsziele entdecken und verwirklichen" eine ähnliche Übung, sie heißt „Der perfekte Tag" und bezieht sich noch umfassender auf die Vision Ihres gesamten Lebens. Sher ist Begründerin der sogenannten „Erfolgsteams". In Deutschland sind solche zu finden unter: http://www.erfolgsteams-online.de/Sher.html

15 Singh, Karma: Die Anatomie des Glücks. Ein Kurs in praktischer Anwendung der Quantenphysik. Harmony Energy Consultants 2011. S. 105 ff.

16 Ferriss, Timothy: Die 4-Stunden-Woche. Mehr Zeit, mehr Geld, mehr Leben. Econ 2008. S. 17.

17 Singh, S. 107.

18 Singh, S. 106.

19 Seminare von Eugen Simon finden Sie unter: www.gedankendoping.de

20 Jacobsen, Olaf: Ich stehe nicht mehr zur Verfügung. Wie Sie sich von belastenden Gefühlen befreien und Beziehungen völlig neu erleben. Windpferd Verlag 2007.

21 Jacobsen, Olaf: Ich stehe nicht mehr zur Verfügung. Wie Sie sich von belastenden Gefühlen befreien und Beziehungen völlig neu erleben. Windpferd Verlag 2007. S. 135 f. Das Buch ist übrigens sehr zu empfehlen!

22 Grof, Stanislav: Vorwort. In: Rebillot, Paul und Melissa Kay: Die Heldenreise. Das Abenteuer der kreativen Selbsterfahrung. S. 11–15.

23 Grof, ebenda.

24 Grof: Vorwort, in: Rebillot, S. 15.

25 Rebillot, S. 26 ff.

26 Rebillot, S. 88 ff.

27 Rebillot, S. 125 ff.

28 Eine spirituelle Variante des Transformierens von inneren und äußeren Konflikten findet man in der buddhistischen Tradition des Chöd. Die amerikanische Lehrerin Tsültrim Allione hat eine wirksame Technik des Chöd für den westlichen Leser und Anwender aufgearbeitet: Sie nennt dies „Dämonenfüttern". In ihrem faszinierenden Buch erläutert sie die traditionellen Hintergründe einfach und nachvollziehbar, dann bietet sie einen Übungsablauf an, um diese „Dämonen"-Anteile sanft zu einer

Änderung zu bewegen – indem man sie mit dem „füttert", was die Dämonen (also letztlich Sie selbst, Ihre Mitmenschen, alle) wirklich benötigen.

29 Rebillot, S. 119 ff.

30 Ebenda, S. 215 ff.

31 Ebenda, S. 228 ff.

32 Ebenda.

33 Skype ist ein Programm, mit dem mehrere Menschen über das Internet miteinander in Kontakt kommen können, und zwar per Chat, Telefonie und Videotelefonie. Im Internet zu finden ist dieses Programm unter folgender Adresse: http://www.skype.com/intl/de/home/

34 Eine Möglichkeit, eine kostenlose Telefonkonferenz abzuhalten, bietet die Internetseite http://www.meebl.de/ – diese Option haben wir selbst getestet, und es hat funktioniert.

35 Ashley-Farrand, Thomas: Heilende Mantras: Klang-Medizin für Persönlichkeitswachstum, Kreativität und Gesundheit. Goldmann Verlag 2003.

36 Hinweise und Erläuterungen dazu finden Sie im Buch „Heilende Mantras: Klang-Medizin für Persönlichkeitswachstum, Kreativität und Gesundheit" (Goldmann Verlag 2003) von Thomas Ashley-Farrand.

37 Vgl. http://www.emotionscan.com/?LNG=de

38 Cameron, Julia: Der Weg des Künstlers. Ein spiritueller Pfad zur Aktivierung unserer Kreativität. Droemer Knaur 1996. S. 57.